何宁宁：一刻钟健身

何宁宁 著

FITNESS MINUTES

浙江人民出版社

我先来
说两句

何宁宁：一刻钟健身

A：“每天晚上 8 点，跟我一起变瘦、变美、变健康，足不出户瘦全身。”

B：“啊——哈哈哈。”

如果你看到 A 这句感觉特别熟悉的话，那你一定是我直播平台的“粉丝”。

如果你看到 B 这句会觉得熟悉，那你肯定是我微信上的老朋友。

如果对 A 和 B 都不熟悉，那你是不是路过书店时被我的封面美照吸引的“路转粉”（路人转“粉丝”）呢？哈哈！

再说说这本书，其实当朋友问我写的是一本什么书的时候，我不知道怎么回答才最准确，说是一本专业的健身书籍，并不是，书里没有那么多专业的词汇、生涩的理论和复杂的讲解；说是自传也不是，虽然通过这本书的确能更加了解我。

也许你是想要变美但是功课太多的学生党，也许你是想去健身房但是却得常常加班的上班族，也许你是生完孩子想要瘦身但是总忙不过来的年轻妈妈，因为时间的问题，我们在变瘦、变美、变健康的路上有太多的“但是”。

所以，我给这本书的定义就是（句子很长，深吸一口气再读）：你每天就算再怎么上课下课补课上班下班加班怀孕呕吐生孩子但只要能抽出一刻钟的时间我一样可以帮助你登上人生巅峰！

没错，这就是我们的书名——“一刻钟健身”。

哪怕人生的行程排得再满，也总要有一刻钟，我们是要为自己而活！不要辜负美，做更好的自己！

做更好的自己

目录

不要辜负美

CHAPTER
ONE
第一部分

何宁宁：
不服输的完美主义者

其实一路走来我没有大家想的那么一帆风顺，可能你们的生活比我顺畅，比我匆忙，也可能比我艰难，比我悠闲，每个人都不同，给你们讲我的人生经历，并不是其中有什么大道理，只是想和你们分享一些我的小故事。

别人家的小女孩 & 我

我出生在浙江衢州，奶奶给我取名宁宁。很多“粉丝”都叫我“何宁宁宁儿”。看得出来，大家对我寄予厚望啊，希望我做个宁静的女孩子，就像我给家里的猫取名“结婚证”，咳咳，是的，恨嫁！

我从小就不是“省油的灯”，上得了厅堂，闹得了厨房，翻得了围墙，打得过流氓。同龄的小姑娘都喜欢洋娃娃、过家家，这对我来说简直太“娘”了好嘛。而且按我的性格，当不了最精致的女孩，我就做最野的女汉子！我妈看着整天像个小乞丐的我，总是叹气到怀疑人生，为什么我和别人家的小女孩不一样！每每这时候，我就使出满满的套路拉着我妈撒娇道：“因为我不是别人家的小孩，我是你的小孩啊！”

我与运动结缘，要感谢我的小学体育老师戚光良。如果没有戚老师，可能也就没有今天的我。

当然啦，作为一名从小就身长腿长的女生，整天摸爬滚打，像个“脏脏包”，戚老师也很难不注意到我的运动天赋。但我小时候心态不咋的，不像现在这么老（油）辣（腻），所以每次有区级以上的比赛，我就很容易紧张，虽然可以闯进前三，但就是拿不到第一。

老师继续帮我出谋划策，他觉得我的体型也可以尝试一些偏冷门的运动，比如相扑啊什么的。开玩笑啦，是跳远！可以说，腿长就是老天爷赏饭吃，当时校运会上我第一次跳远就跳了 3.98 米！全队的男生看到这成绩，认定我未来绝对会是个“母老虎”。可后来，尽管我加强练习，却并没有多少进步，甚至有时候因为紧张还没第一次跳得好。我这人就是这样，现在的状态也是，第一眼大家觉得“哇大美女”，但是看久了就会觉得……还是很漂亮！哈哈。

直到小学生涯中的最后一次运动会，我那不服输的疯狂劲儿再一次震慑了全校男生。

那次运动会很特别，市重点初中的体育老师们专程来挑选体育特招生。由于之前比赛成绩不理想，状态也不是很稳定，所以我并没有获得参赛资格。也就是这个时候，戚老师，我的伯乐并没有放弃我，他对我抱有信心，帮我争取到了一个测试名额。这个测试名额不算正式参赛，而是在最靠边的赛道旁硬生生画出来的一个九号赛道上，跟着大家一起跑着玩玩的。铺垫了这么多，相信你们也猜到了，接下来的剧情完全就是偶像剧女主的套路！

当时我心里憋了一股劲：“越是在这样没人关注的赛道，我越是要跑出个样子来！”可能是心态好，又比较放松，我疯了似的一溜烟跑了个第一，把大家原本看好的第一、第二远远地甩在身后。我特开心，不仅一雪前耻，还突破了自己的极限。也正是这一次，证明了美女的人生本就是自带玛丽苏光环的，哈哈，开玩笑啦。

后来有阵子抗日剧很火，别的小姑娘都梦想着嫁给解放军，但我不一样，我觉得我就是解放军啊。我剪了个寸头，头戴迷彩头巾，穿双大头皮鞋，配条阔腿裤，一上初中就“吊打”“四大校霸”为民除害，一时间关于我的传言可以说是妇孺皆知。家里人对我的行为已经见怪不怪了。可能那时候我要是愿意出家，我妈也会淡定地帮我多准备几套衣服。

每次学校运动会，我都会先报个 100 米——证明我是最快的，再报个 1500 米——证明我是耐力最好的。接力赛总是在最后一棒，一个人能疯狂到追回 200 米。那时喜欢运动的我，豪情万丈又春风得意，就和王小波的《黄金时代》里写的一样：“我觉得我会一直这么傲气，我觉得什么也锤不了我。”

俗话说：“常在河边走，哪能不湿鞋。”盛极而衰自古是娱乐圈，哦不，是体育圈的定律。老天和我开了一次玩笑。

2006年，在一次50米训练爆发力时，我的肌腱撕裂了。我“啊”的大叫一声，只觉得右大腿后侧像撕裂般疼痛难忍，整个人失去重心，狠狠摔在地上。当时马上就要高考了，也是大学提前录取的阶段，我顿时觉得，我的右腿、我的高考、我的运动生涯也许就这么结束了。

就在我准备尝试嘻哈摇滚，寻找新的出路时，我看到了自己那双引以为傲的大长腿，是啊，我只是肌腱撕裂了，但腿还在啊。“不行，我要继续跑！”

带着对奔跑的向往，我坚持每天康复理疗。康复训练不能做高强度运动，只能先从耐力训练开始。虽然枯燥又痛苦，但我一直咬牙坚持着，身体也开始一点点地恢复。

2006年9月，我考入了杭州师范大学钱江学院，学习社会体育专业。从此，我的大学和我的专业为我铺设了一个全新的平台，所有的机遇和梦想都从这里启航。

啦啦操比赛、健美比赛，各种和运（选）动（美）有关的比赛我都不会放过……第一次一个人代表杭州健美队参加比赛，比赛要穿比基尼，我还不好意思和室友说，后来竟然获得了健美小姐季军，这是万万没想到的。

何老师 & 奇迹

大四时，我在健美队教练的介绍下，来到了杭州一家自闭症儿童康复机构实习。那时，我并不知道什么是自闭症，也不了解自闭症的严重性，只是单纯地觉得，只要我用心对待孩子们，他们就会喜欢我，爱我。当时社会上很多人对自闭症不了解，觉得自闭症是传染病，不让自己的小孩和自闭症小孩一起玩；还有不少人认为自闭症就是不理人，不爱说话。我接触下来才渐渐明白，自闭症小孩就是思维、思考方式和普通孩子不一样，以至于他们的表达方式也不一样，但不一样并不代表不正常。据采样调查发现，自闭症在我国6—12岁学龄儿童中患病率为0.41%。[①]这个数据还不包括无法统计的因病失学在家的患儿。自闭症的发病率很高，我们不能不重视。很多孩子连受教育的机会都无法得到，基本上都待在家里，没地方去，家庭的经济压力和家长的心理压力都非常大。很多家长在孩子确诊时都会哭很久，他们无法接受孩子患自闭症这一事实。

第一次来到康复学校，刚好是下课时间，一个可爱稚嫩的孩子向我迎面跑来。

“来，让姐姐抱抱。”正当我准备蹲下身迎接他的时候，他却像一阵风一样从我身边跑了过去。第一次接触的尴尬，让我意识到以后的工作不会一帆风顺，看来和孩子的相处不仅仅是“掏心窝子”就可以搞定的。

我的第一个学生叫嘉嘉。他留给我的印象很深刻，因为他哭着上完了我任教两周的课程，边哭边做着一些常人看起来很简单的指令动作。遇到这种情况，如果是刚毕业不久的女孩子，肯定会崩溃。什么“分化瓦解”“大厦将倾”这样的词语虽然总在我眼前飘过，但我内心却没有任何不愉快，想的只是怎样才能好好地教他。

绘画课上，我会蹲在嘉嘉身旁，耐心地教他画画。“真棒！”我发现嘉嘉喜欢圆形、会转动的玩具，还喜欢一些挠痒痒的肢体游戏，于是我每节课都把他的兴趣作为奖励。“嘉嘉，我们把同样的放一起，对啦，真棒，那我们就奖励玩会儿‘毛毛虫’啊。”

相处久了，嘉嘉越来越配合了，可是让我郁闷的是，嘉嘉从来不发出任何声音。大多

---

① 据2015年由复旦大学附属儿科医院牵头联合全国八家单位开展的调查显示。

数自闭症孩子都是这样的，他们不愿意开口，有的是因为不理解发音方式，有的是不愿与人沟通，只沉浸在自己的世界中。相比而言，我更喜欢带孩子做感觉统合训练（简单来说，类似普通学校的体育课）、大肌肉课（也是体育课），还有体操课（没错，都是体育课）……和孩子一起运动是我觉得最开心的事情。我经常跪在地上，用手帮助孩子去蹲、走，让他们感受踝关节发力的感觉，特别有成就感的是我总能在短短几天内就把他们教会，因为我懂关节和肌肉发力呀。

一次，下课收拾教具的时候，一位年长的老师看着一个女孩子，叹了口气说道："你看那个孩子，因为家里条件不好，她爸爸今天来办退学手续，要带她回老家了，真是可惜啊。她课都已经上了一年半了，突然有一天就会拿笔了，如果接着上，也许……"

"什么？突然吗？"

"对，之前一直都不会，手指不知道怎么发力，握不住笔。可是不知怎么的，有天突然就学会了，再经过一段时间的矫正估计就能写写画画了。”

她顿了顿，看着我说：“宁宁，你要坚信，我们的孩子是都能教会的，只是时间的问题，因为你不知道他们用来理解的时间有多长。所以啊，一定不要放弃他们，一定要坚持到他们学会为止，他们一定是能被教会的。如果连我们都不坚持，那他们怎么会有希望，怎么会有未来？”

“不抛弃！不放弃！”运动这么久，学得最多的就是要坚持，不要放弃。这一刻，我想要呵护这些孩子的决心更加坚定了。

从事这个行业需要的是极大的热情和坚定不移的信念。做老师已经很辛苦，做自闭症儿童的老师这行更加辛苦，因为要付出更多的热情和耐心。和这些孩子待在一起的时候，说话的分贝得比与正常人说话时高一倍，才会引起他们的注意。即使是教他们说一句很简单的话，也需要耗费很多的精力和极大的耐心，要把复杂的问题一层层地简化，直到他们能理解，他们需要一步步爬坡式慢慢教，而且，很可能“爬”到一半时他们又忘了，一切又得从头开始，这很考验老师的耐心和耐力。

慢慢地，嘉嘉奇迹般的从能有所配合，再到能完全配合，从一直哭到张嘴但发不出声音，再到“啊——啊”能发出音来，一点点、一步步，我们就这样一起走过了大半年。

“何老师，上午好。”无意间听到这么一句话，我惊讶地回过头看去，眼前有一张稚嫩的小脸，正睁着一双有神的大眼睛望着我。难以置信，这是嘉嘉第一次这么叫我。

我的眼眶瞬间湿润了，“哇”的一下就叫出来，这大半年的历程像电影回放一样在我脑海里播放着。真的，对于这些孩子，你要相信奇迹，要用心付出，因为他们也能感受到你是爱他们的。

当时社会上对自闭症群体的关注度没有现在这么高，行业整体的薪资水平也不是很好。因此我身边很多朋友都为我可惜，认为我之前干“淘女郎”做得好好的，如果停业不干，就会错过大好的机会，以后恐怕都很难再续上了。

我心态还好，虽觉可惜，但并不后悔。在和自闭症儿童的接触中，我了解得越来越多，中国自闭症儿童已超过200万，他们过得很艰难。我深知特殊教育行业的痛点。由于没有完善的特殊教育体系，更没有系统的终身福利性康复、就业、托管体系，大多数自闭症孩子不被普通学校接纳，不得不留在家中，由家长陪同。每年都有新的家庭因为自闭症儿童而陷入困境。这一块的缺口非常大，孩子、家长、老师、学校、社会……所有问题都是一环扣一环，不是多做几件事情就能把问题解决的。与此同时，“淘女郎”的经历也让我明白，一个平台的影响力是不可估量的。

机会 & 机缘

我大学刚毕业那几年，网购刚刚流行起来，那时候我已经从没羞没臊的野小子蜕变成了一个精通各大品牌口红色号的“精致女孩”。一个女人成功转型的背后往往离不开买买买！作为购物狂人的我来说，发现淘宝可不就是哥伦布发现新大陆！

“没有位置坐也就算了，竟然也没法下脚啊。”同事来我出租屋做客时总会取笑我。“剁手”这个词真是十分适合我。我一旦买起来完全控制不住我自己，几平方米的小屋里堆满了淘来的包包、首饰、化妆品，当然还有柴米油盐。可我也没想到，买买买，却给我带来了机遇。

一次，我闲着无聊刷淘宝，看到了“淘女郎”的报名入口。“淘女郎”这个职业，在当时还是一个很新鲜的存在。这不就是淘宝模特的报名入口嘛，偏偏让我这么一个颜好、腿长、爱臭美、爱自拍的人看到，这绝对是天意！加上自己曾经有过几次“走秀”经验（自己瞎想的），又走过几场“维密”（在梦里），所以我对自己的身材还是很自信的。我想着，不如试一试，就按照要求随（精）手（心）传了几张照片报了名。

传完照片之后，我就把这件事抛（日）之（思）脑（夜）后（想）了。令我意外的是，过了三天，真的有人联系我，找我拍照片。我压根就没怀疑过这会不会是一场骗钱或者骗色的陷阱，立刻就答应了去拍照片。

2011 年 3 月，是我第一次拍片。那天，杭州又湿又冷。当时我住在城西，周末一大早起来，哆哆嗦嗦直发抖，挤了两小时公交车到了拍摄地点。唉，当时我“咖位”不够，摄影棚里没有空调，妆也得自己化。但我清晰地记得，摄影灯打开的一瞬间，我感觉自己简直就是超模刘雯、何穗、杜鹃、吕燕上身啊！内心想的就是：“哇，我从小的梦想啊！

我竟然做到了！”从早上10点拍摄到晚上10点，结束后，我拿到了人生中第一笔拍摄报酬——500元。

晚上回到家，人都累瘫了，深感拍照赚钱不容易。当然，看着手里的500元，这差不多是我当时小半个月的生活费，心里还是很有成就感的。第一次拍摄过后反响很不错，算是“开门红”。之后一直有人找我拍摄，接到的单子也越来越多。第一年的状态就是总有单子，但没有爆款，直到第二年才开始慢慢好起来。我明白要想有所突破，只是简单地化化妆是不行的，所以我开始研究化妆，学习穿搭技巧。后来也机缘巧合地接到了一些微电影和视频广告拍摄任务。

那时候，“淘女郎”这个职业和模特很像，看起来风光，但也有很多委屈。有时候是拍完宣传照后收不到钱，有时商品卖不好反而被商家指责没把衣服拍好。遇到这样的情况，唯一能做的就是调整好心态，下回拍照时，前期多沟通，争取每次拍摄都能呈现最好的状态，也尽量做好售后服务。

当时，平台为发展“淘女郎”投入大量的资源，我身边不少朋友，通过这波热度，瞬间“涨粉”成为拥有上百万“粉丝”的“一线”。那一年可以说是所有“淘女郎”发展的元年，却不是我何宁宁的元年。

幸运 & 感恩

2014 年，幸运女神再次降临，我被邀请去纽约证券交易所为阿里巴巴上市敲钟。

“我是阿里巴巴的小二，我们 15 周年了，想请你跟我们一起去美国见证这一历史性时刻。”说实话，接到这样的邀请，我都不知道要去干什么。

我还犹豫过要不要去美国，因为有个小电影拍摄工作与此冲突了。我想，看到这里你们一定觉得我很木，居然没意识到这是一件“天上掉馅饼”的大好事。2014 年 9 月 19 日，美国东部时间早上 5 点，我和其他七名敲钟人现身纽约证券交易所。

敲钟之前，马云和我们坐在了一起。马总笑着对我说：“公益不在于钱，而在于心，想

活得充实就要帮助别人。只有你们成功，我们才会成功。阿里巴巴是一个梦想者的生态圈，有梦想就要去做，你们代表的群体都是这样的一群人。”可不是嘛，我们有梦想，我们敢做，我们有着精神上的追求，我们就是这么一群人。

9点30分是上市敲钟的时间，站在台上的感觉和小时候作为代表去升国旗是一样的，满心欢喜、心潮澎湃。我很紧张，就像心脏做了100个空手翻。我又非常庆幸自己能够站在这里。马总在下面把竖着大拇指的手举起来时，我哽咽了，一个团队突破最初的艰难走到上市，不是让公司的高管和他们的朋友来美，而是让我们来敲钟，这份感动萦绕心头。敲钟时，我的眼眶都湿润了，我和其他敲钟人一起竖起了大拇指。

从美国敲钟回来之后，我被网友与媒体封为“敲钟女神”。我微博上的“粉丝”很快涨到了18万，各大媒体纷纷对我进行采访报道，我第一次感受到“一夜成名”的滋味。明明还是一样的人、一样的生活，却好像一切都变了，有种突然被“捧起来”的感觉。我发现自己的人际关系网变广了，也认识了不少新朋友。

很多人质疑我能去敲钟是有强硬的后台，事实是确实没有。一开始阿里巴巴在选择敲钟人时，就是要让“生态圈”的客户代表去敲响钟声，而我恰巧是一名“淘女郎”，是这个“生态圈”的一员。此外，大概也和我从事特教老师这个职业有关吧。

很多人叫我“女神”，看起来确实我也在做着“女神”的事——陪伴自闭症儿童成长。但我很想告诉大家，我也曾一度怀疑自己，尤其有阵子，看着身边的朋友们红了，赚大钱了，当时真的很焦虑。但后来我多喝了几碗“鸡汤”也就想明白了，不是有个词语叫“厚积薄发”吗？有的时候，有些阶段，你不要觉得自己看起来比别人落后了，我相信只要坚持做自己喜欢的事情，失去的机会也终将成为你人生新的机缘。

公益 & 不易

公益不易，既然我选择了做一名特殊教育老师，那我为什么不发挥自己更大的力量，把事做得更大、更有影响力呢？一个人的力量太薄弱，只能帮助几个孩子、几个家庭，我想要帮助更多的人，让更多的孩子和家庭受益。

怀着这样的想法，我找到了中华少年儿童慈善救助基金会，和他们合作，成立了“星缘守护”公益项目。自闭症孩子就像天上的星星，能遇见他们是一种缘分，我想守护好这不解的缘分。成立这个项目的初衷是“想让全社会都来关注自闭症儿童这个群体，一起来守护、关爱这些星星的孩子们”。

有人觉得我做公益是为了“博眼球”，其实不是，我真心觉得做公益挺了不起的，不管

是对社会还是对某一群体来说，都是很有价值的。我很崇拜那些有公益梦想的人，也想成为那样的人，就像小男孩想要成为蜘蛛侠、超人，小女孩想要成为白雪公主、睡美人一样。

2015 年 4 月 2 日，是第八个世界自闭症关注日。“星缘守护”公益项目启动仪式在杭州木马剧场举行。

从无到有，几个月里，冲动过、迷茫过、害怕过，是你们支持着我，让我坚持下来。启动仪式顺利举办，“星缘守护”正式启动！“星缘守护”像是我的孩子，我一定会好好珍惜它、呵护它。感恩所有星缘团队伙伴的付出。

启动仪式后，我发了这条微博。在此之前，我背负着太大的压力，为此还大哭过，害怕做不好，直到项目成功启动后，才松了一口气。刚开始，发布项目的招募信息、统计人数、招聘老师、落实场地等，全都是我一个人在做，做到后面才有团队，才有了长期合作的老师、场地和机构。因为有着共同的理想，很快一群人就聚到了一起，我们一起投身公

何宁宁：一刻钟健身

益事业。

同时，我们在淘宝众筹发起了第一个互联网公益募捐项目，目标金额是 3000 元，我们想为自闭症孩子组织一场真正的社会融合活动。意想不到的是，最终我们竟然募集到 3 万元善款。如果你也恰巧参加了我们的第一次众筹，一定也收到回馈感恩卡了吧，要知道那都是我连夜寄出的啊！真的是“白天装高管，晚上装快递”！每一张快递单都是手写的，每一份都寄托着我们的感恩与感谢。

捐款逐渐增多之后，我开始思考如何运用互联网思维更好地运作这个公益项目。公益做一两次很简单，但想要持续性地做则很难。太多资源需要对接，太多信息需要整合，要确保项目的每一分钱都花在孩子身上……此时，再回想我的“淘女郎”工作，当时在摄影棚里瑟瑟发抖想着赚钱真难，现如今才发现，原来花钱也难，而要认真地花好每一笔钱更是难上加难。“淘女郎”的工作比起做公益项目来说不知道简单了多少倍。然而，让我真正得到成长的确实是做公益。

这几年，自闭症儿童越来越被社会所关注、重视，每年世界自闭症关注日，社会上也会开展很多活动，可关注日过后，孩子们很快又被淡忘了。之前我总在想怎么把事情做大，现在会觉得能做得长久，让更多的孩子感受到被接纳，让更多家长觉得被理解，让他们能看到希望，得到更多的关注才是最重要的。也只有这样，“星缘守护”才算真正成功了。正是怀着这样的心愿，我们举办了第一场慈善晚宴。

那天，我一下飞机就拖着行李箱去了会场，准备好的礼服也没来得及换。现场突发状况真的很多，我们一群“门外汉”手忙脚乱，硬着头皮完成了这场晚会。活动能圆满结束，完全依靠大家的热心帮忙与宽容。

人手不够时，理事会成员二话不说，主动到门口替志愿者承担接待工作；安排座位时，有的理事自愿拿掉自己的桌签，把前排席位让给协办方；主持人反复与我们对流程，督促催场；志愿者们忙到几乎没有时间吃饭休息，也毫无怨言……

对普通孩子来说，短短几分钟的表演很容易。但是对我们的孩子来说，这是近一个月以来老师、家长和孩子们不懈努力的成果，有着不一样的意义。家长们一直配合着安抚孩子的情绪，想让他们拿出最好的状态登台表演。

出于对孩子们的保护，我们不会在网络和公众场合公开他们面部未经处理的照片。但他们那一刻的甜美笑容，让在场的每个人都感受到了被关爱的幸福感。在布置会场时，我们挑选了过去一年以来，20 余场活动中最精彩的瞬间，一张张小脸生动，未经任何修饰却足以打动人心。

有个妈妈抱着“小星星”在照片墙前辨认一处处场景，孩子时不时指指点点，“啊啊啊”地说着什么，笑得特别开心。

有一个孩子的爸妈外出打工了，每次来参加活动都是爷爷陪着。有一次，孩子的爷爷和我说：“只要我还带得动，你们的每场活动我都会带孩子来参加。”

还有家长对我说：“我的孩子 20 岁了，这些年参加过无数次公益活动，但是那些活动大都是借孩子的噱头来炒作自己，只有你们是真的在为孩子做活动。”

“本来，我们有这样的孩子是不幸的，但是你们让我们觉得特别幸运。”有位妈妈说。

这些善良的家长、孩子给我带来很大的感动，因为这份不可被辜负的信任，也因为这份常人所不能理解的感动，我一直坚持做公益活动。

“坚持、持续”，是“星缘守护”项目的原则。

“淘女郎”带给我的是时尚与美，以及一些物质上的便利；而公益带给我的，则是精神上的历练，是金钱买不来的。我这个人挺贪心的，物质和精神都想要。我是个完美主义者，觉得只有这样，人生才是完整的。

王先生 & 缘分

2016 年 3 月，我接到一个运动品牌拍摄宣传片的邀请，去云南红河哈尼族彝族自治州的一所贫困学校拍摄一则公益广告。

“运动 + 公益”，这是我最热爱的两件事，于是我想都没想就答应了。当然我万万没想到，我坐的不仅是一辆开往学校的车，更是一辆让我恋爱开窍的“老司机”的车！

路途遥远，一路颠簸，外加糟糕的山区路况，行程堪称痛苦。但是进了学校看见那一张张红扑扑的小脸蛋和热情的微笑，我的疲惫一扫而空，短短几天我就跟他们打成了一片。

一次喝水，我拧不开瓶盖儿，眼睛一瞄，随意逮了个男人，“帮我开下吧。”他一下就拧开了瓶盖，递给我时附赠一脸“这人好弱”的嫌弃表情。怎么说我也是玩哑铃、撸铁的女汉子啊，哪里受得了这种眼神！我马上嘴硬和他辩解：“你这是站在巨人的肩膀上，我都拧得差不多了”，没想到他还真让着我，说道：“哦，巨人你好！”哈哈哈，于是

身高一米八五的他成了“小矮人”，那几天我都这么叫他。没错，这个人就是我现在的老公——老王（感觉以后我再也不敢嚣张地嚷着“要换老公”了）。他戴着一副黑框眼镜，高个子，身体很强壮，笑起来憨憨的。

老王说那不是我们第一次见面，他很早就跟拍过“星缘守护”的周末活动，还给我戴过话筒，但是因为我有些“脸盲”，基本只认识化妆师，所以对他并没有太多的印象。

山间，成片的树木被风摇醒，左右摆动，道路泥泞，坑坑洼洼，行走不便。3 月的云南还时常下些冷飕飕的毛毛雨。我一辈子也忘不了，老王一路上和我随意聊的那些话，漫无边际，却又十分温暖。记得车子行驶在山间小路，一路上，老王逗得我直笑，笑得我腹肌都痛。当时，我脑海中飘过一个念头：和这样的人在一起过一辈子是不是会很开心呀，每天开开心心的，挺好的。

空气中弥漫着恋爱的味儿。以前我是个后知后觉的人，因此曾错过很多。但现在我感觉自己忽然开窍了，做女超人很爽，但是做老王的公主更爽啊！我看了一眼窗外，天是蔚蓝色的，蓝得清澈明亮。我很兴奋地给我妈打了个电话，告诉她，她催了那么多年的事情有着落了，今天我终于帮她找了个好女婿！

在山里跟孩子们相处了几天，要走的时候他们特别舍不得，哭得和大花猫一样：“老师，你什么时候再来？”这群孩子和我熟识的那群孩子一样，都那么可爱、天真无邪，唯一不同的是他们的情感更加充沛，表达形式更加丰富。

在回来的车上，我收到孩子们“为星缘守护周年纪”准备的排练视频。视频里是我给他们排的节目《最好的未来》——“每个孩子，都应该被宠爱”。的确，每个孩子都是落入人间的天使，是上天打过烙印送来的馈赠，他们会哭、会笑、会玩、会闹，会用他们自己的方式感动着身边的每一个人，证明着自己的存在，怎能不被我们所爱！

大主播 & 大宁

很快，我带着这一趟出行的战利品——老王，回到了杭州。当时正赶上淘宝直播大热潮，我天生风风火火，又爱嘚瑟，肯定是拉着老王凑（秀）热（恩）闹（爱）啊。没想到我的粉丝们都挺喜欢他的，并且一直“恐吓”他要好好对我，哈哈。

进入淘宝直播之前，我在其他直播平台也有尝试过。直到 2016 年 5 月底，我才用“淘女郎”的身份开通了淘宝直播。刚开始仅仅是抱着玩闹的心态，却没想到一发不可收拾，现如今光是淘宝直播就获得了 30 多万“粉丝”。

清楚地记得，2016 年 5 月 26 日，我第一次做健身直播。没想到，很多小伙伴真的跟我一起运动健身了，更没想到的是，我们能一直坚持到今天。第一次直播就有 4700 人次观看记录、6 万多个赞。这让我坚信，“网红”有生命周期，但运动却是一个可以持续发展的主题。在女装“网红”渐成红海时，通过 KOL（关键意见领袖）引流的运动健身市场可以被深度挖掘。

“我是大宁，希望你能跟着我足不出户瘦全身，我的专业改变你的认知，你的努力改变你的未来！希望你能坚持下去，变瘦、变美、变健康！”开场白之后，就是4个小时的现场健身运动直播。专业，是我的直播核心，只有专业的健身知识才不会让“粉丝”走弯路，只有高品质的产品才能对得起“粉丝”的关注。

我是个看重内容的人，不希望自己做直播只是陪伴大家聊聊天打发打发时间，而是希望每个进我直播间的朋友都能动起来，高兴而来、满载而归。我的直播内容是想让有点胖或者身材不够完美却又很爱美的朋友，找到正确的减肥瘦身方法，并通过每天直播打卡的方式形成固定习惯，持之以恒。

2017年开春之后，我参与了阿里体育课首批“开课”。并与阿里体育持续合作，每周有两节固定的阿里体育课，开课的目的是培养大家在百忙之中抽时间运动健身的生活方式，教大家健身、瘦身动作。只要观看者能够学到健身知识，我便乐在其中。

当然，300多天的直播里，我也曾有过低迷期。冬季是健身淡季，大家都不愿意运动，身边很多熟悉的面孔长时间不露面。直播的时候身体也曾达到过极限，心理和身体承受了

双重压力。有时我也会感慨：那么多卖减肥产品的，那么多不专业只会哄“粉丝”的，流量却比我好，这是为什么？但是质疑过后，不服输的我又会振作起来：坚持告诉大家科学的健身理念，亲力亲为带大家做运动！

即便每天还有许多其他事情要操心，我仍然坚持风雨无阻地与大家相约健身至少两个小时。渐渐地，我收获到了同样真诚待我的“粉丝”。

“谢谢大宁，我瘦了好多！”“谢谢大宁，我现在精神状态比不运动的时候好多了！”“大宁，老公让我谢谢你带我们健身！”健身的小伙伴们常在我的直播间发这样暖心的话。

有朋友私信给我：“看你每天太辛苦了，注意休息！”也有“粉丝”的孩子发来稚嫩的语音：“谢谢姐姐帮妈妈减肉肉。”每当这时，我就默默激励自己：哪怕只有一个人看我的直播，哪怕只帮到一个人，也要坚持下去。因为每一个人的蜕变都值得被期待，每一颗积极向上的心都值得被肯定、被呵护。

千言万语表达不了我的感激之情，我只能说，已铭记在心。

把爱好变成事业是我一开始所没有想到的。我曾经是一名国家二级运动员，大学选择的是体育专业，也有很多与体育相关的从业经历。健身对我来说，不仅仅是一份事业，早已成为我生活的一部分。

直播的过程中，我发现很多人对运动知识了解得并不多，有些甚至被网上的错误信息所误导，尤其在互联网时代，面对纷繁芜杂的运动健身知识，大多数人往往不知道怎么去判断和筛选，而那些不准确的信息不仅没效果还会起到反作用。因此我确定了，要做忠于自己、科学专业的运动自媒体：大宁带你瘦。通过图文、直播、视频，我为大家提供专业的健身指导和健康饮食，并分享有意思的生活日常。我们一起坚持，一起成长，用科学的方式来健身瘦身，成为更好的自己。

风风火火如我，说干就干。可是好玩的健身内容需要大量灵感，我又是个倔强的人，不愿意随随便便教点健身小动作敷衍大家，于是暗下决心：一定要严格把关，做好内容产品。大家喜欢我是因为我是大宁，那大宁的内容就一定要有自己的个性和特色，一定要科学性与专业性相结合，这样才不辜负大家的喜爱！

为了更好地创作内容，我成立了自己的公司——宁盟派。用“宁盟派”这个名字，是因为我想要通过这个平台让更多热爱运动健身的朋友找到属于自己的大联盟、大家庭，同时也能帮助想做电商直播和短视频的朋友，让更多有梦想、有想法的人去实现梦想。

2017 年 7 月，在和策划、视频团队多次交流和思维碰撞后，我终于摸索出了属于自己的个性化健身内容。不知不觉，也坚持了一年。有次直播时，忽然有很多“粉丝”在直播间留言：“大宁，你的视频可有意思了！”“大宁，视频很赞！”那时我脑海里不断浮现 2014 年“星缘守护”第一次募款的情形。那时候做公益不就和创业一样嘛，最初很紧张，害怕做得不好，而现在我变得坚强、自信与充满力量。如今，“星缘守护”已经成了一个可以成熟运转的公益项目，而我做的健身内容也得到越来越多人的喜爱。无论走哪一条路，经历坎坷和艰辛，都是必然的，但是，做自己热爱的事就不会感到疲倦，对公益和健身的热爱令我始终元气满满。我的努力促成了梦想的实现，包括这本书的出版，真的并不全是一路仰仗着“好运气”。我没有搭上“网红”主播的顺风车，但可以一步一步成为你们心中独一无二的大宁。

未来的何宁宁还会做什么呢？我也不知道，如果说有什么必须战胜的对手，那就是过去的自己。跑过的路不会骗你，磨损的鞋底、穿破的鞋面，都是你努力过的证明；努力过后的改变不会骗你，挥洒的汗水、变化的肉体，都是你付出过的证明。所以，所有坚持在大宁直播间健身的朋友们，我想告诉你们，蜕变的痛苦是必须承受的，但是蜕变的方式，却是自己可以选择的。是面对挑战即刻退却，平庸一生；还是激流勇进，迎来更好的自己，我们可以选择。

在你的时区

我们都知道，这个世界存在着时差，每个地方都有各自的时区，比如北京时间比伦敦时间早八个小时。

有人 22 岁就毕业了，但五年后才找到稳定的工作；有人 25 岁就当上 CEO，却在 50 岁去世了；也有人到 50 岁才当上 CEO，活到了 90 岁。有人 30 岁还单身，同时也有人 30 岁就生完了“二胎”。奥巴马 55 岁就退休了，特普朗 70 岁才开始当总统。有些人只是看似走在你前面，其实，每个人都有自己的发展时区、自己的人生轨迹，不用嫉妒，也不用焦虑。我们都在自己的时区里，当然你也是！

所以，请继续坚持，也学会等待。你没有比别人领先，也没有落后，在你的时区里，一切安排都是准时的！

这本《何宁宁：一刻钟健身》，送给所有为自己而奋斗的朋友们。

为自己而活

一起变瘦、变美、变健康

CHAPTER
TWO
第二部分

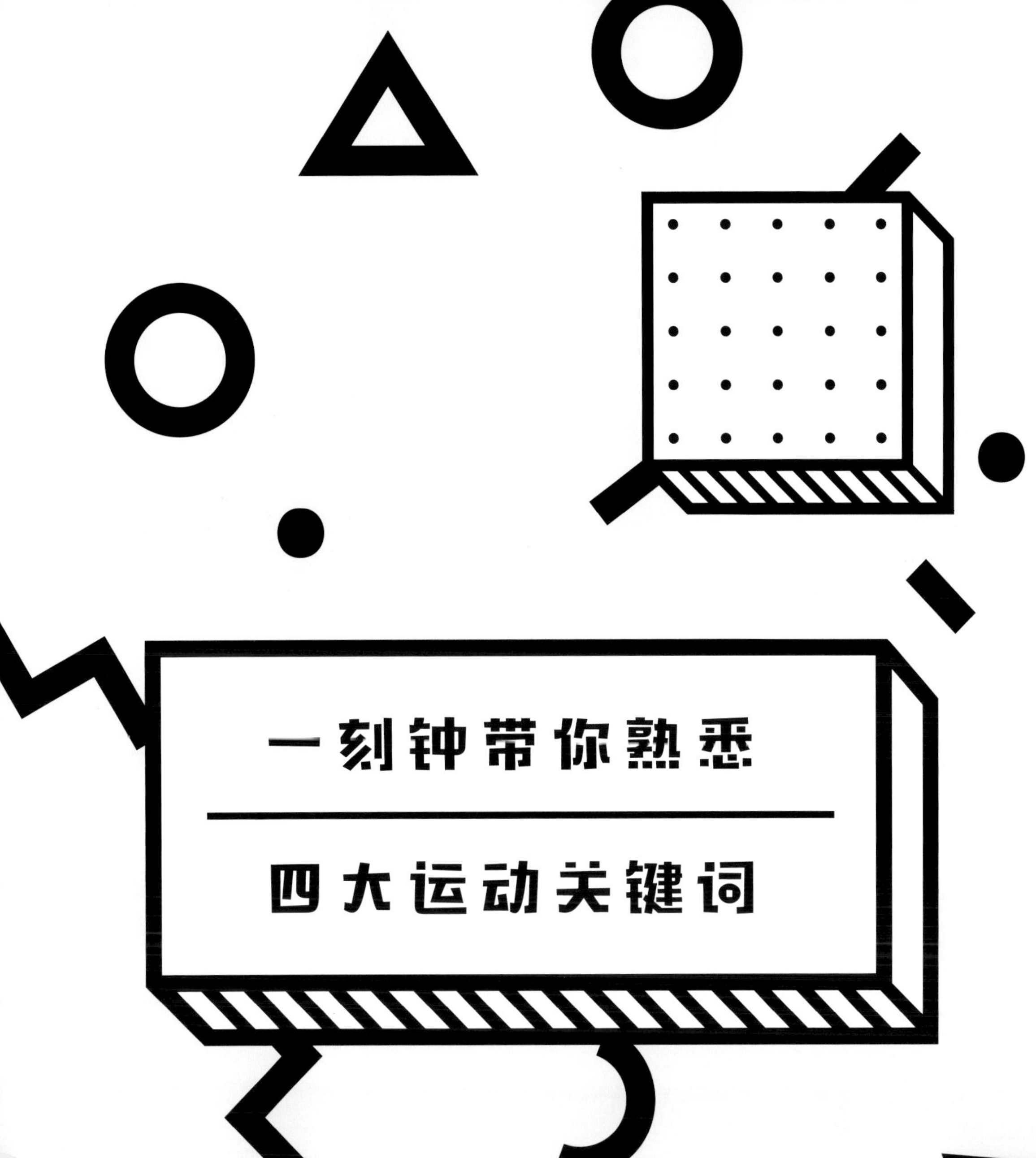
一刻钟带你熟悉
四大运动关键词

一、脂肪

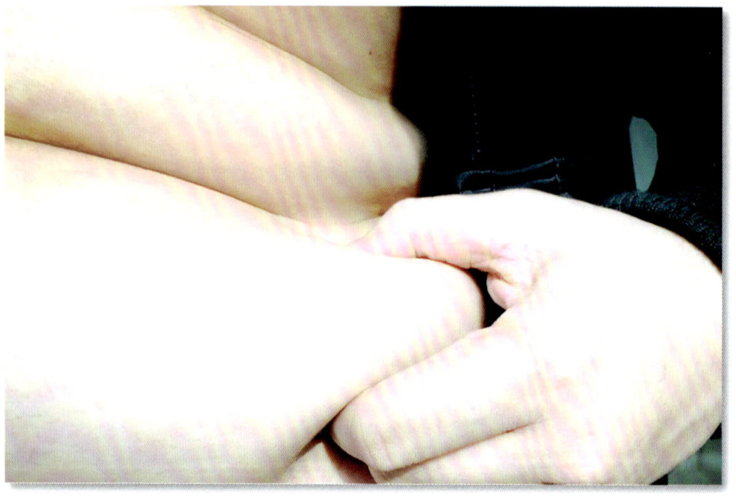

脂类是油、脂肪、类脂的总称。食物中的油脂主要是油和脂肪，一般把常温下是液体的称作油，而把常温下是固体的称作脂肪。

脂肪的主要来源是烹调用油脂和食物本身所含的油脂。我们的消化系统将所吃的食物转换成能量，没有用完的额外的能量就转化成身体的脂肪，脂肪则会在需要的时候被肝脏转化成葡萄糖。下表是常见食物脂肪含量表。

大宁说：

一旦人体摄入多于自身基础代谢的能量，堆积后便以脂肪的形式展现出来。

常见食物脂肪含量表
（以每百克食物计算）

食物名称	脂肪含量（克）	食物名称	脂肪含量（克）	食物名称	脂肪含量（克）	食物名称	脂肪含量（克）
大米	0.8	芹菜（茎）	0.2	羊肉（瘦）	3.9	大黄花鱼	2.5
小米	3.1	黄豆（大豆）	16.0	鸭舌（鸭条）	19.7	小黄鱼	3.0
馒头（蒸，标准粉）	1.0	卷心菜	0.2	鸭肉（胸脯肉）	1.5	带鱼（白带鱼、刀鱼）	4.9
面条（富强粉）	1.1	黄瓜（胡瓜）	0.2	鸭肝	7.5	干贝	2.4
玉米面（白）	4.5	丝瓜	0.2	牛乳	3.2	青鱼（青皮鱼、青鳞鱼）	4.2
小麦粉（标准粉）	1.5	苦瓜（长）	0.1	豆浆	0.7	鲜贝	0.5
糯米（优糯米）	1.0	茄子	0.1	麦乳精	9.7	鱿鱼（干）	4.6
面包	5.1	冬笋	0.1	韭黄（韭牙）	0.2	河虾	2.4
三鲜豆皮	10.2	花生仁（炒）	44.4	青椒（灯笼椒）	0.2	生蚝	1.5
血糯米	1.7	绿豆	0.8	蘑菇（鲜）	0.1	比目鱼	2.3
鸡蛋（白皮）	9.0	虾皮	2.2	草菇（大黑头西花草）	0.2	鲤鱼	4.1
鸭蛋	13.0	海蜇皮	0.3	金针菇（智力菇）	0.4	豆腐	3.7
鸡蛋白	0.1	海参	4.8	香菇（鲜）	0.3	豆腐丝	10.5
猪肉	6.2	鳝丝（黄鳝）	0.8	西兰花（绿菜花）	0.6	豆腐花	2.6
猪心	5.3	黑鱼	1.2	青豆（青大豆）	1.6	豆腐皮	17.4
猪肝	3.5	金目鱼	5.0	荷兰豆	0.3	豆腐干	3.6
猪肚	5.1	海带（鲜）	0.1	豌豆苗	0.6	雪糕（双棒）	3.6
猪肾	3.2	虾米	2.6	蚕豆（去皮）	1.1	蛋糕	5.1
牛肉（瘦）	2.3	螺蛳	0.6	草头金花菜	1.0	巧克力	40.1
兔肉	2.2	甲鱼	4.3	茴香菜（小茴香）	0.4	酱油（一级）	0.6
鸽子	14.2	基围虾	1.4	胡萝卜（红）	0.2	大麻油	99.9
鹌鹑	3.1	蛤蜊	0.4	绿豆芽	0.1	植物油	10.0
鸡肉松	16.4	对虾	0.8	红萝卜缨	0.2	白糖（绵白糖）	0
鸡肝（肉鸡）	4.5	鱼片干	3.4	生菜	0.3	猪油（炼、大油）	99.6
鸡翅	11.8	海蟹	2.3	雪菜	0.4	色拉油	99.8

＊主要数据源自中国疾病预防控制中心营养与食品安全所编著，杨月欣、王光亚、潘兴昌主编:《中国食物成分表》（第 2 版），北京大学医学出版社 2009 年版。

二、有氧运动

有氧运动是指人体在氧气充分供应的情况下进行的体育锻炼。即在运动过程中，人体吸入的氧气与需求相等，达到生理上的平衡状态。

简单来说，有氧运动指任何富韵律性的运动，其运动时间较长（约 15 分钟或以上），运动强度在中等或中上的程度（最大心率值 60% — 80%）。有氧运动是一种恒常运动，是持续至少 5 分钟还有余力的运动。

是不是有氧运动，其衡量的核心标准是心率。心率保持在 150 次 / 分钟及以下的运动为有氧运动，因为此时血液可以供给心肌足够的氧气。

有氧运动的特点是强度低、有节奏、持续时间较长。要求每次锻炼的时间不少于 30 分钟，每周坚持 3—5 次。进行这种锻炼时，氧气能充分燃烧（即氧化）体内的糖分，还可消耗体内脂肪，增强和改善心肺功能，预防骨质疏松，调节心理和精神状态，有氧运动是健身的主要运动方式。所以说，如果体重超标，要想通过运动来达到减肥的目的，建议选择有氧运动，像慢跑、骑自行车。[①]

大宁说：

有氧运动就是氧气充分参与的运动，就是你做这个运动的时候不会感觉呼吸困难。

三、无氧运动

无氧运动是指肌肉在“缺氧”状态下高速剧烈的运动。无氧运动大部分是负荷强度高、爆发力强的运动，所以很难长时间持续，而且消除疲劳的恢复期也相对较长。

无氧运动是相对有氧运动而言的。在运动过程中，身体的新陈代谢是加速的，加速的代谢需要消耗更多的能量。人体的能量通过身体内的糖、蛋白质和脂肪分解代谢得来。在运动量不大时，比如慢跑、跳舞等情况下，机体能量的供应主要来源于糖的有氧代谢。以糖的有氧代谢为主要供应能量的运动就是我们所说的有氧运动。

① 引自“有氧运动”条目，百度百科·科普中国，2018 年 1 月 30 日。

当我们从事的运动非常剧烈或者是急速爆发，例如举重、百米冲刺、摔跤等，机体在瞬间需要大量的能量，而在正常情况下，有氧代谢是不能满足身体此时需求的，于是糖就进行无氧代谢，以迅速产生大量能量。这种状态下的运动就是无氧运动。①

无氧运动最主要的功效是增强肌肉力量和增加肌肉围度。常见的无氧运动项目有：短跑、举重、投掷、跳高、跳远、拔河、俯卧撑、潜水等。

大宁说：

无氧运动就是急速爆发、有屏气，且氧气参与不充足的运动。

减肥的最好方法——有氧运动 + 无氧运动。

有氧运动与无氧运动（力量训练）结合进行，是将身体脂肪控制在理想水平的最好方法。许多人出于以下两点理由，错误地以为单独进行有氧锻炼对控制和减少身体脂肪最有效。

1. 有氧运动首先消耗的是脂肪，而无氧运动消耗的是储存在体内的糖，因此做有氧运动更能瘦身。

2. 在设定的心率范围之内，45 分钟的有氧锻炼要比同样时间的无氧运动消耗更多的热量，无氧训练练练停停，需要在每组之间休息，消耗的热量要少得多，因此有氧运动减脂的效果更好。

事实是这样的：有氧锻炼能达到消耗热量的目的，但却不能长时间地提高基础代谢率。无氧运动能够帮助增加肌肉总量，从而使你的基础代谢率得到提高，哪怕在休息时也能消耗更多的热量。这就是有氧锻炼与无氧运动结合进行才是最佳减肥方法的原因。

① 引自“无氧运动”条目，百度百科·科普中国，2018 年 1 月 30 日。

有氧运动减脂，但并不是越多越好，任何事都有个度，有氧运动也是如此。虽然它不失为一种有效的脂肪消耗办法，但长时间的有氧锻炼消耗的不仅仅是脂肪，还包括肌肉。研究发现，两小时的有氧锻炼可耗尽体内 90% 的白氨酸——对促进肌肉生长非常重要的一种氨基酸。通常情况下，正常的白氨酸水平可防止因锻炼过度引起的肌肉分解。

大宁说：

要瘦就需要有氧运动 + 无氧运动。你的皮肤好比是一个塑料袋，里面装的脂肪多，得先靠有氧运动减去脂肪，然后再靠无氧运动把袋子（即皮肤）收紧，自然就会又瘦又美了。

四、卡路里

卡路里（Calorie），是一个能量单位。卡路里并不特指食品中的能量，实际上，它们适用于所有含有能量的东西。虽然卡路里并未被纳入国际单位体系，但它在营养学中地位稳固。

人需要足够的能量，通过消耗卡路里的方式维系身体各项机能的运行，哪怕在吸收食物时，也需要人体自身的热量来分解、消化它们，例如咀嚼、吞咽，肠道蠕动、消化液分泌等。我们可以通过控制热量摄入、增强运动量来加速消耗卡路里，以实现健身美体的效果。但是，如果饿着肚子去健身，既无法为身体提供足够的能量，也无法从锻炼中获得最大收益。因为长时间运动且不进食，身体消耗卡路里的能力就会降低，运动强度也难以维持，导致健身效果变差。所以“吃饱了才有力气减肥”并不只是一句调侃的话，关键是看从“吃饱了”到健身之间是否间隔了足够多的时间。

TOSWIM

CHAPTER
THREE
第三部分

健身前的思想准备

一、认可运动的好处

随着社会发展，人类的生活方式由动态变为相对静态，很多人由劳作转为坐办公室。现代科技飞速发展，电子产品层出不穷，无一不是让人类更省力，而害处是让人类身体功能退化，体能下降，日益肥胖，肩颈痛、腰腿痛和其他软组织以及关节问题随之而来，小毛病不断，常是治了好，好了又犯。最后便是身体功能丧失，肌肉用尽退废，即所谓越坐越懒惰。而改变这一切都要通过重塑身体功能来实现，让身材体态变得更美好，让精神状态更积极。

二、健康身体的指标

身体上、精神上、心理上的完美状态，指的是：精力充沛，不易感到疲劳。其中，身体健康的指标包括：体重适当，体型匀称，体态端正，无疾病。健康的身体可抵抗一般感冒和传染病，同时肌肉呈饱满状态，皮肤显得有弹性、有光泽。

三、健身是一帖良药

美国运动医学会（ACSM）是世界上最权威的研究医学和运动的机构，他们对于高血压和糖尿病人的建议是：可通过运动干涉这类疾病，且给出了数据支持。2015 年 ACSM 在中国举办的第一届健身培训和峰会的主题就是“运动是良医”，来自全国各地的专业人士参加了本次峰会。运动对于人体疾病在预防和治疗方面有重大意义和正面作用。

对于疾病来说，预防永远大于治疗。

大宁说：

“生命在于运动”不仅仅只是停留在口头，运动的目的不是为了瘦，这个目标太小了，大目的是为了更健康。当你的各项身体机能都处于年轻状态时，就能延缓衰老，精力充沛。练和不练有着巨大的差别。

CHAPTER
FOUR
第四部分

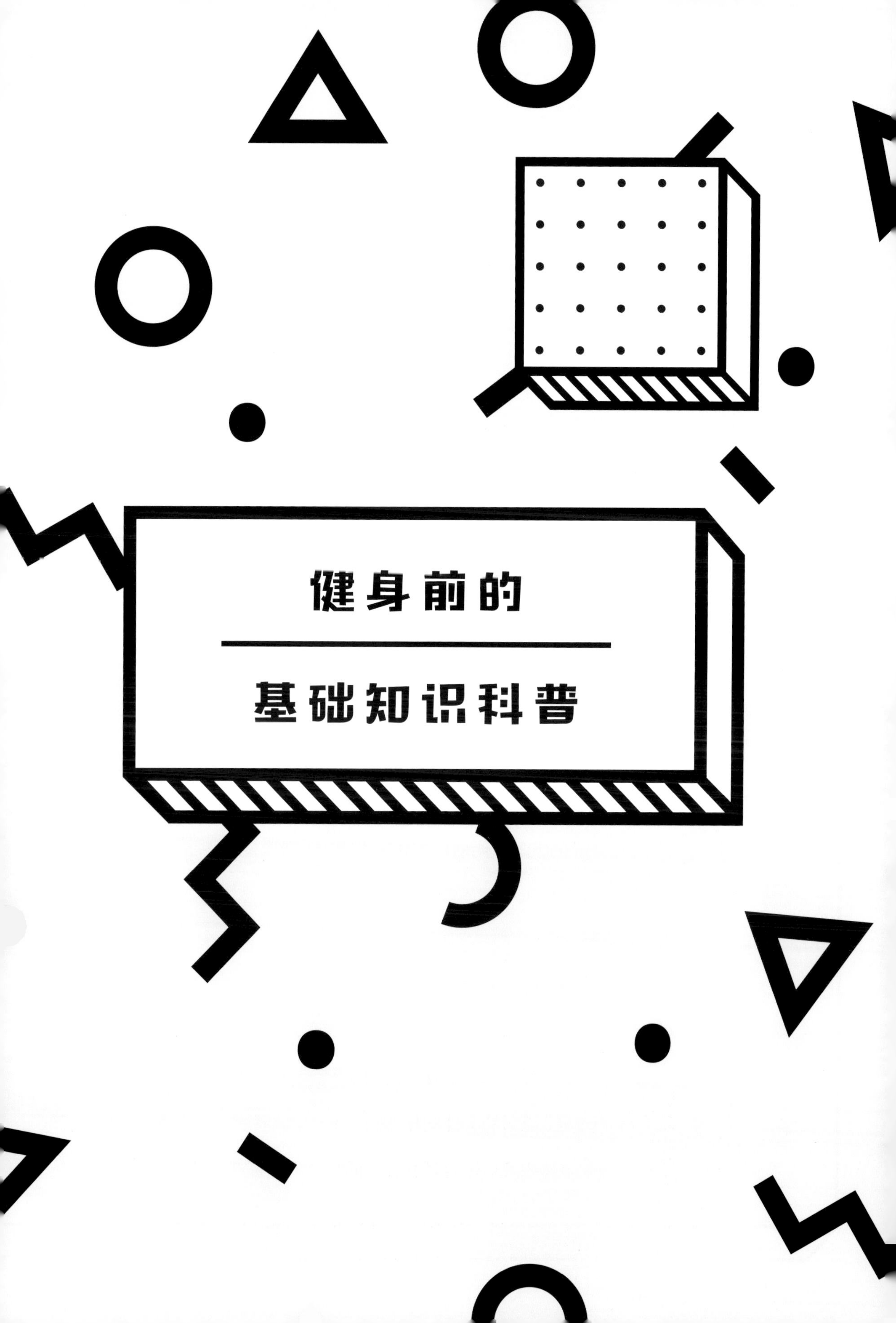
健身前的
基础知识科普

一、肥胖是怎样产生的

当一个人的摄入量大于消耗量的时候，就会产生结余。就像往银行里存钱，只存钱不花钱，或者存的比花的多，那么就会有结余，多余的部分就是多余的能量，会转化为脂肪，储存在体内，导致体态臃肿等。

大宁说：

肥胖就是吃太多，消耗不了，堆积成脂肪。

二、脂肪在体内以什么样的形式存在

（一）皮下脂肪

用手捏自己的皮肤，可以捏起来的附着在皮肤下面的成分就是皮下脂肪，如腋下的“拜拜肉”“蝴蝶臂”，大腿上的“甩甩肉”“橘皮腿”，还有腰上的“游泳圈”，以及身体上很多地方可以看得到的明显赘肉。

大家都知道脂肪的最大作用就是御寒，但是现在人们都很嫌弃它，因为它导致我们体型肥大，严重影响体态，甚至会造成心理健康问题。很多肥胖的人心存自卑，喜欢独处，恐惧社交，但越孤独就越易暴饮暴食，用美食来自我安慰，越胖越吃，越吃越胖，造成恶性循环。人的一生有很多时间节点可能会让肥胖伴随一辈子，一个是青少年时期，另一个是怀孕和产后。女性在怀孕时和生产后很容易发胖，而带来的危害就是孕育巨婴，造成生产困难，并且产后恢复缓慢，三五年都瘦不了。男性一般在28岁以后开始长“啤酒肚”，有人说男人结了婚就发福，其实是因为大多数男性在这个年龄段雄性激素开始衰退，身体合成肌肉的能力下降，代谢变慢。加上大多数男性在这个年纪已经成家立业，生活相对安逸，应酬增多，运动减少，所以就会出现脂肪堆积。

（二）血脂

血脂是指存在于心血管和血液里的脂肪。现代人有个常见病叫作“动脉粥样硬化”。这个病是怎么产生的？吃的食物油腻、脂肪含量高，且缺乏运动，导致血管弹性变差，血液流动缓慢。很多脂肪就会在血液缓慢流动的过程中沉积下来，附着在血管壁上。但是有运动习惯的人，其血液流动速度快，血流量大，脂类自然不易沉积。动脉一旦硬化，出现问题，就会给心血管系统造成极大的危害，吃药、手术只是事后的补救措施而已，会给身体带来其他副作用和伤害，所以早干预、多运动的方式最佳。

（三）内脏脂肪

内脏脂肪指附着在内脏器官上的脂肪。大家都吃过猪牛羊鸡鸭，动物内脏上那些白色的物质就是内脏脂肪。大量脂肪囤积会加大器官的运作负担，影响脏器工作效率。

有时，我们可能会看到有一类人体型瘦弱，四肢纤细，但是小腹却明显突出来，有可能就是内脏脂肪增多造成的。

消除这类脂肪不光得靠运动，还得配合控制饮食进行双向调节。

（四）总结

了解了这么多脂肪的危害，那么肥胖是疾病吗？很多人认为不是，但其实肥胖是一种可以导致其他疾病的慢性疾病。现在肥胖已成为全世界的难题，绝大多数国家的肥胖人口在日益增多，甚至青少年肥胖人群的比例也在明显增加。肥胖可导致二型糖

尿病、高血压、高血脂、动脉粥样硬化、心脏病、肾衰竭等。近几年，因为肥胖导致的二型糖尿病比例越来越高，甚至在青少年中的发病率也日渐增高。很多人忙着吃药、手术治疗，却没有想过要先治疗肥胖，减肥能有效减轻病症。所以，肥胖要不要治疗？答案是肯定的。怎么治？吃减肥药？节食？还得靠运动和饮食调节。

大宁说：

管住嘴，迈开腿，最难是坚持，所以我们一起加油！

三、减脂和减重的区别

很多人减肥都减错了，减的是体重，并不是脂肪。仅靠节食，容易反弹，一旦恢复饮食，甚至比之前还要胖。很多人试图靠节食实现减肥，最后都失败了。节制得越厉害，对食物的渴望度越高，最后越容易崩溃。根据弹簧法则，压力越大弹得越高，最后患上暴饮暴食症，一发不可收拾的大有人在。减脂是周期性的，并不是想减就减，也不是消耗越多就减得越快。

以前我参加健美比赛的时候可以一天掉 3 千克的体重，只要不喝水就可以做到，但是有什么用呢？减的又不是脂肪。我们要减的是脂肪，而不是身体上好的成分，体重是减轻了，但代谢能力降低了，身体分解脂肪的能力越来越弱，越想瘦却越瘦不了，所以体重掉了不代表脂肪减了。

大宁说：

判断一个人的胖瘦，内行看体型，外行看体重。做内行还是外行，你自己看着办。

四、肥胖给我们带来什么样的困扰？

（一）生理上

影响体型，破坏美观，加速身体衰老，给身体带来巨大负担：血液供氧不足，心肺功能差，免疫力下降，超重给关节造成压力，导致关节疾病。

（二）心理上

产生自卑感，不喜欢社交，自闭孤僻，影响正常的工作、生活等。

大宁说：

肥胖就是不好看，还影响健康啊！

五、一起来健身

他们说：

跑步是最好的保健品，想年轻就来跑步。

喜欢跑起来世界为我而动的感觉。

跑完步，就可以多吃两块蛋糕。

出门运动就不会被老妈嫌弃。

身旁没有了他 / 她的唠叨。

运动时，也可以穿得美美的。

我们一起跑，奔向更美好的未来。

跑，让人回归自我。

因缘际会爱上健身，通过健身超越自己，我变得比昨天更好。相信每一个运动的人都会赞同那句话："没有最好，只有更好。"

为此，坚持运动。开始时，每天都跑同一条路，总会遇见同一群上班、上学的人，但心情是不一样的，你可能会回想昨晚做的一场梦，或是今天要处理的工作，抑或是事情太多，什么都不去想，眼里都是鲜花和白云。

在外人看来，跑步是机械的、重复的个人行为，但在健身者自己看来，每天都是崭新的开始，跑步是与自己、与社会对话的方式。

他们说：

健康是最宝贵的资产。

运动是一件奢侈的事情。

控制体重、完善体态、培养自律精神、调节精神状态……运动健身的好处不胜枚举。

在运动中与自我对话，感受身体发生的每一项变化，体会运动带来的惊喜。

知道多运动有好处，却依然抽不出这点时间。"白领族""设计汪""程序猿""学生党"，通宵加班、熬夜学习，每一天都有太多需要忙碌的事情，运动变成一件奢侈的事情。

如何利用碎片化的时间来保持健康，塑造美好体型，成为现代人的追求。

《何宁宁：一刻钟健身》，不仅仅是一本书，更是一种新的生活方式和态度。只要坚持，每天用一刻钟的时间去运动健身，相信哪怕再小的改变，也会改变我们的未来！

HELLO

CHAPTER
FIVE
第五部分

孕妇和产妇

需要运动吗？

一、孕妇和产妇需要运动吗？

当然要！你看人家俄罗斯的孕妇，怀孕六个月都能撸铁扛枪“上山打虎”。在美国，医院会要求孕妇做大量训练，以控制体重，保证顺利生产。当然，孕期的训练是要严格遵医嘱的。

而中国的孕妇要么躺在家里看电视、织毛衣，像大熊猫一样被保护起来，要么仅做一些轻微、少量运动，如散步等，生怕流产、早产。

其实流产是个人体质问题，和运动并无直接关系。在自然界，老虎、豹、狼等哺乳动物在怀孕的时候一样要觅食、要奔跑，和猎物搏斗。如果动物怀孕后光躺着不动，只怕会活活饿死。怀孕的动物需要更多的营养，不动就吃不到食物，得不到营养。那么，为什么怀孕的哺乳动物奔跑打斗却不会有很大的流产概率？除生理构造原因外，适度运动也有助于胎儿发育。同样的，运动还可以帮助孕妇控制孕期体重，防止孕期肥胖，避免因胎儿过大导致分娩困难。即使通过剖腹产成功生出婴儿，对产妇的身体伤害也是相当大的，恢复起来也较慢。运动还可帮助孕妇调节孕期情绪，减压，预防和缓解孕期抑郁症，增强孕妇的体力，保证顺利生产。孕期孕妇所做的训练可以影响胎儿，促进胎儿的大脑、神经发育。有科研团队给出数据表明，母亲在孕期保持运动，其娩出的婴儿的大脑、神经发育以及运动感知能力比从不运动的母亲生出的婴儿要强很多，身体素质也好很多，学习能力较强，接受能力较高。有一大群娱乐明星和健身教练都在孕期保持训练，并顺利生产，所以传统的孕期保养方式需要科学知识来颠覆。

二、孕期训练对孕妇和胎儿的意义

一般来说，在准备怀孕的前三个月就开始备孕期的训练，可帮助准妈妈改善体质，拥有健康体魄，建立良好的身体指标。毕竟只有土壤肥沃，种子才能更好地发育和生长。

三、产后训练的好处

生产会给女性造成很多问题，如腹直肌分离、腹部松弛膨出、盆底肌功能障碍，严重者会漏尿、大小便失禁、夫妻生活不和谐等。产后多发腰背疼痛，精力不济，带小孩容易疲劳，产后肥胖等。所以产后康复训练是必需的，无论什么时候开始训练都有效。当然，在身体许可的情况下，越早开始越好。产后康复训练可帮助产妇快速恢复体能和身材，恢复盆底肌功能，恢复精力，更好地养育子女，积极地面对生活。

大宁说：

不要说“我是生了孩子以后变胖的”，不要说“生了孩子，做了妈妈，我就注定是个肥婆”，是胖胖的还是美美的，你自己可以选择。

CHAPTER
SIX
第六部分

一刻钟
健身训练教程

01

有氧运动训练

初级篇

一、提踵拉升

Step 1

双脚打开，与肩同宽，双手握拳，提踵。

Step 2

踮起脚尖，双臂打开，手掌握拳。

Step 3

手臂慢慢收回，自然下垂放身体两侧。

二、踏步肩环绕

Step 1

站姿准备。

Step 2

抬腿的同时双手向前伸直，握拳。

Step 3

踏步，大腿抬平，双手做最大幅度的肩环绕。

Step 4

换腿，动作连续 15 秒。

三、弓步压腿

Step 1

左腿蹬出，右脚脚尖点地，右腿蹬直，胯部朝前，上身挺直。保持 15 秒。

Step 2

换腿。

四、小步跑+高抬腿跑

Step ①

双手放在腰间，小幅度自然摆动。手掌自然握拳，原地小步跑抬膝，脚尖轻轻落地，同时，保持呼吸均匀。

Step ②

原地小步跑 30 秒。

Step ③

大腿抬高成 90°，手臂摆动幅度加大保持呼吸均匀。

Step ④

高抬腿跑 30 秒。

五、开合跳

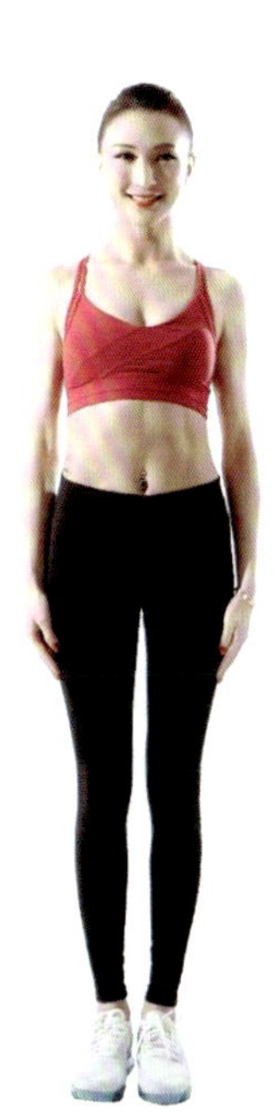

Step ①

站姿准备。

向上跳时，双手向上击掌，双脚打开。

Step ③

跳回初始位。整套动作重复 15 次。

六、婴儿爬

Step 1

双腿打开，与髋同宽。

Step 2

俯身，双手撑地。

Step 3

双手撑地，向前爬行，身体成一条直线。

Step 4

双手撑地，慢慢往回爬。

Step 5

身体站直，回到初始位。整套动作重复 8—12 次。

七、开合蹲

Step 1

站姿准备。

Step 2

向上跳起，双腿打开至身体两侧，大腿与小腿成 90°，双手触摸膝盖。

大宁画重点

下蹲的时候，膝盖不要超过脚尖。

Step 3

跳至双脚打开与肩同宽，双手向上击掌。

Step 4

跳回初始位。

八、伏地起身

Step ①

双腿打开与肩同宽。

Step ②

膝盖弯曲，手撑地。

Step ③

左右腿依次向后撤，让身体成一条直线。

身体站直，双手举过头顶。

恢复初始位。

九、俄罗斯转体

Step ①

坐在垫子上，双腿并拢，屈膝，脚掌贴地，背部挺直，双手撑在身体两侧。

Step ②

左手抓着右手去触摸身体一侧的垫子，上身挺直。

Step 3

双手高举过头顶。

Step 4

双手去触摸身体另一侧垫子，再高举过头顶。整套动作重复 15 次。

十、大腿前侧拉伸

Step 1

左手抓住左脚踝，脚后跟贴牢臀部，同时右手打开前伸，保持身体平衡。

Step 2

换手换腿。重复 15 次。

十一、大腿后侧拉伸

Step 

右脚脚后跟着地，右手抓住右脚尖，右腿绷直，身体向下压，保持呼吸均匀。

Step 

换手换腿。重复 15 次。

十二、侧腰拉伸

Step ①

右腿在前，双脚交叉，右手叉腰，左手向上举起，身体向右侧屈，拉伸侧腰肌肉。

Step ②

换手换脚。重复 15 次。

十三、腹部拉伸

Step 1

双脚打开，俯身，双手交叉，让身体放松。

Step 2

起身，踮起脚尖，双手向上V字延展打开。保持15秒。

Step 3

回到初始位。

02

有氧运动训练

高级篇

一、站姿提踵肩环绕

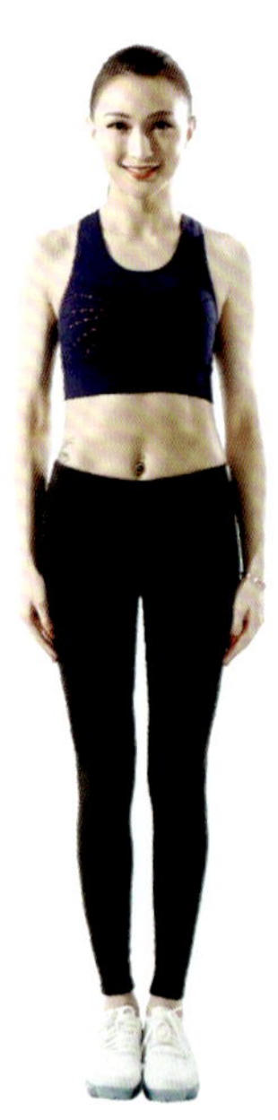

Step 1

踮起脚尖，腿部绷直，臀部夹紧，让身体向上延展。

大宁画重点

肩环绕幅度要大，速度要慢。

Step 2

双手自然伸直举过头顶，做肩环绕动作。

Step 3

整套动作重复 4 次。

二、侧弓步侧伸展

Step 1

右腿向身体右侧迈开，脚后跟着地。

Step 2

右手叉腰，左手举过头顶伸直，身体侧屈，膝盖不要超过脚尖。

Step 3

换手换腿。

Step 4

两侧各做5—8次，每次保持5—8秒。

三、高抬腿+静蹲

Step 1

高抬腿 3 次，大腿抬至与地面平行，手臂摆动。

Step 2

下蹲至大腿与小腿成 90°，双手互扣上抬。

大宁画重点

下蹲时，膝盖不要超过脚尖，背部保持挺直。

四、站姿跳顶膝

Step 1

双手伸过头顶，左脚右移，脚尖点地。

Step 2

高抬左脚，左脚脚尖绷直，双手后摆。

换腿。

整套动作重复 12—16 次。

五、波比跳

Step 1

双脚打开，与肩同宽。

Step 2

双腿弯曲，双手撑地。

Step 3

双腿向后跳，让身体成一条直线。

Step 4

身体站直，双手举过头顶，向上跳。整套动作重复 6—15 次。

六、手支撑换肘支撑

Step 1

双手支撑在垫上，让身体成一条直线。

Step 2

手支撑换肘支撑，身体保持一条直线。

Step 3

用肘支撑，身体保持一条直线。

Step 4

肘支撑换手支撑。整套动作重复 6—15 次。

七、大腿、小腿后侧拉伸

Step 1

坐于瑜伽垫上，双腿伸直。

Step 2

右腿伸直，勾脚尖，左腿折叠，脚掌置于右腿内侧，右手抓右脚脚尖，身体向下压，静态伸展。保持 15 秒。

Step 3

换腿。保持 15 秒。

八、大腿前侧拉伸

Step 1

向右侧躺，让身体成一条直线。

Step 2

左手抓住左脚脚踝，左脚后跟贴牢臀部，向后拉伸。保持 15—20 秒。

Step 3

换手换腿。保持 15—20 秒。

九、肱三头肌拉伸

Step 1

右手触摸肩胛骨，左手抓住右手肘关节，用力拉伸。

Step 2

换手。整套动作重复 15 次。

十、腹部拉伸

俯卧于瑜伽垫上，双脚并拢，肘支撑，胸腔抬起，微微抬头，身体延展，双腿向后延伸。保持 15—20 秒。

NIKE

03

手臂运动训练

初级篇

一、站姿展肩推举

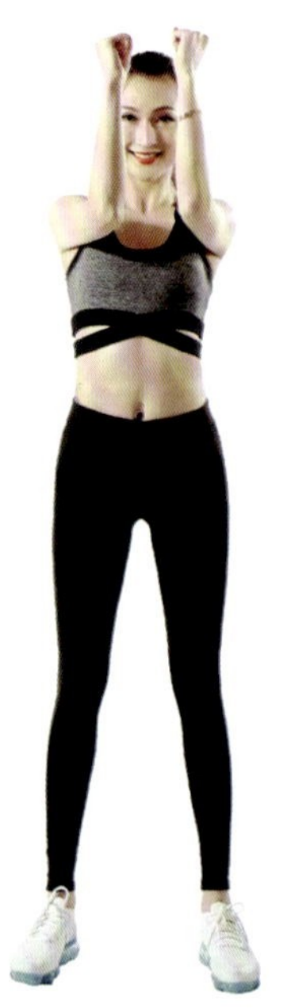

双脚打开，与肩同宽，手肘相对。

Step ②

手肘向两侧打开，小臂与大臂成 90°。

Step 3

手臂向上推举。

Step 4

回到 step2 姿势。

Step 5

手肘再次相对。

整套动作重复 15 次。

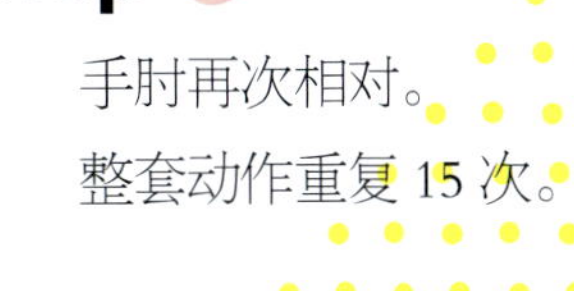

二、弓步支撑伸展

Step 1

向前迈右腿成弓步，双手置于右脚两侧撑地，指尖与脚尖齐平，后腿尽量伸直。

Step 2

左手撑地，右手向上伸直，眼睛看向右手指尖。

Step ③

迈左腿成弓步。

Step ④

右手撑地，左手向上伸直，眼睛看向左手指尖。整套动作重复 6—8 次。

三、开合跳

Step 1

站姿准备。

Step 2

向上跳时，双手向上击掌，双脚打开。

Step 3

跳回初始位。整套动作重复 15 次。

四、婴儿爬

Step ①

双腿打开，与髋同宽。

Step ②

俯身，双手撑地。

Step ③

双手撑地，向前爬行，至身体成一条直线。

Step 4

双手撑地，慢慢往回爬。

Step 5

身体站直，回到初始位。

整套动作重复 8—12 次。

五、俯身臂屈伸

Step ①

小弓步，身体往前倾，成 45° 。

Step ②

夹紧双肘。

Step ③

双臂做前后屈伸动作。整套动作重复 15—20 次。

六、颈后屈臂伸

Step 

挺胸收腹，身体直立，双脚打开，与肩同宽。

Step 

双手举过头顶，手臂伸直。

Step 

前臂屈臂成 15°。重复整套动作 15 次。

大宁画重点

肘关节不要晃，双臂尽量靠近耳朵。

七、斜板俯卧撑

双脚打开，站姿准备。

Step 2

双手支撑在支撑物上，双手间距与肩同宽，身体成一条直线。

Step 3

身体向下，做俯卧撑，屈肘至 90°。

Step 4

身体向上，手臂自然伸直，背部始终成一条直线。整套动作重复 8—10 次。

八、斜扳伏地起身+俯卧撑

Step 1

双脚打开，站姿准备。

Step 2

双手支撑在支撑物上，双手间距与肩同宽，身体成一条直线。

Step 3

身体向下，做俯卧撑，屈肘至 90° 。

Step 4

身体向上，手臂自然伸直，背部始终成一条直线。

Step 5

身体站直，双手举过头顶，手臂伸直。整套动作重复 10—15 次。

九、三角肌后束拉升

Step 1

左手前伸，水平内收，右手屈臂，顶住左手肘关节，向后拉伸。保持 5 秒。

Step 2

换手。保持 15 秒。

大宁画重点

做动作时，不要耸肩。

大宁画重点

肘关节不要晃，双手尽量靠近耳朵。

Step 3

左手触摸肩胛骨，右手抓住左手肘关节，向后拉伸。保持 15 秒。

Step 4

换手。保持 15 秒。

十、三角肌前束拉升

Step 1

弓步，手臂伸直在胸前，手心朝上。

Step 2

手臂用力向后拉伸，手心相对。保持 5—8 秒。

Step 3

恢复初始位。整套动作重复 10 次。

十一、腹部伸展

Step 1

双脚打开，俯身，双手交叉，身体放松。

Step 2

起身，踮起脚尖，左手抓住右手手掌向后，向上延展。保持 5—6 秒。整套动作重复 6—8 次。

04

手臂运动训练

高级篇

一、高抬腿+俯卧撑

Step 1

高抬腿，原地跑 10 次。大腿向上抬到最大幅度。

Step 2

做俯卧撑，双手打开与肩同宽，指尖相对，身体成一条直线。

Step 3

身体下压，使大臂与小臂成 90°，然后伸直手臂。重复动作 6—12 次。

二、俯身直臂划船

Step ①

双脚前后打开，弓步准备。

Step ②

双手在身体两侧前伸，身体前倾呈 45°，目视前方。

Step ③

双手向后做屈伸。整套动作重复 8—15 次。

三、波比跳+俯卧撑

Step 1

站姿准备。

Step 2

下蹲，手掌撑地。

Step ③

双腿向后跳，身体成一条直线。

Step ④

做俯卧撑，屈肘至 90° 。

Step 5

手伸直，双脚向前跳。

Step 6

身体站直，向上跳，手举过头顶，身体充分舒展。整套动作重复6—10次。

四、坐姿撑

Step 1

坐于瑜伽垫上，屈膝，双腿打开与髋同宽，双手放于身体后侧。

Step 2

撑起身体，顶髋，让身体成一条直线。整套动作重复15 次。

五、三角肌后束拉升

Step 1

左手前伸，水平内收，右手屈臂，顶住右手肘关节，向后拉伸。保持 15 秒。

Step 2

换手。保持 15 秒。

大宁画重点

做动作时，注意不要耸肩。

六、肱三头肌拉伸

Step 1

左手触摸肩胛骨，右手抓住左手手肘关节，向后拉伸。保持15秒。

Step 2

换手。保持15秒。

七、腹部拉伸

Step 1

双脚打开，俯身，双手交叉，身体放松。

Step 2

起身，踮起脚尖，左手抓住右手手掌向上延展。保持 5—6 秒。整套动作重复 6—8 次。

腹部运动训练

初级篇

一、手支撑收腿

Step 1

双手撑地，身体成一条直线。

Step 2

左腿提膝，压向胸口。

Step 3

换腿。整套动作重复 10—16 次。

二、上卷腹

Step ①

躺在垫子上，屈膝，双腿打开，与髋同宽。

Step ②

双手放于大腿前侧。

Step ③

双手指尖触碰膝盖，肩胛骨离开垫子，腰部贴牢垫子，再慢慢回到初始位。整套动作重复 10—15 次。

三、手支撑异侧提膝

Step 

双手撑地，身体成一条直线。

Step 

右腿往左手肘关节处提膝。

Step 

换腿。整套动作重复 10—16 次。

四、仰卧蹬腿

Step 1

躺在垫子上，屈膝。

Step 2

双腿并拢，往胸口收腿，向上蹬腿。

Step 3

收腿时，脚掌接近地面，但不触碰地面。整套动作重复 15 次。

五、V字定腹

Step 1

坐于垫子上，屈膝，双腿并拢，双手放身体两侧。

Step 2

腹部收紧，双脚离地，双手伸直举过头顶，身体微微向后倾斜。保持30秒。

六、手支撑异侧踢腿

Step 1

双手伸直撑地，身体成一条直线。

Step 2

右腿向左侧踢出，腿伸直，越接近手越好。

Step 3

换腿。整套动作重复8—16次。

七、大腿前侧拉伸

Step 1

向右侧躺，身体成一直线。左手抓住左脚踝，左脚后跟贴牢臀部，向后拉伸。保持 15 秒。

Step 2

换手换腿。保持 15 秒。

八、大腿、小腿后侧拉伸

Step 1

坐于瑜伽垫上，左腿伸直，勾脚尖，左手抓住左脚脚尖。右腿折叠，右脚脚掌置于左大腿内侧，右手抓住左侧腰部。身体向下压，静态伸展。保持 15—20 秒。

Step 2

换手换腿。保持 15—20 秒。

九、背部拉伸

大宁画重点

做动作时，臀部尽量不要离开脚后跟。

跪于瑜伽垫上，臀部坐于脚后跟，双手伸直向前延展。保持 15—20 秒。

十、腹部拉伸

俯卧于瑜伽垫上，双脚并拢，肘支撑，胸腔抬起，微微抬头，身体延展，双腿向后延伸。保持 15—20 秒。

06

腹部运动训练

高级篇

一、登山跑

Step 1

俯身，身体成一条直线。

Step 2

腿部快速朝胸口收拢，速度越快越好。坚持 10—15 秒。

二、顶髋侧旋转

Step 1

仰卧于瑜伽垫上，屈膝，双脚打开与髋同宽。

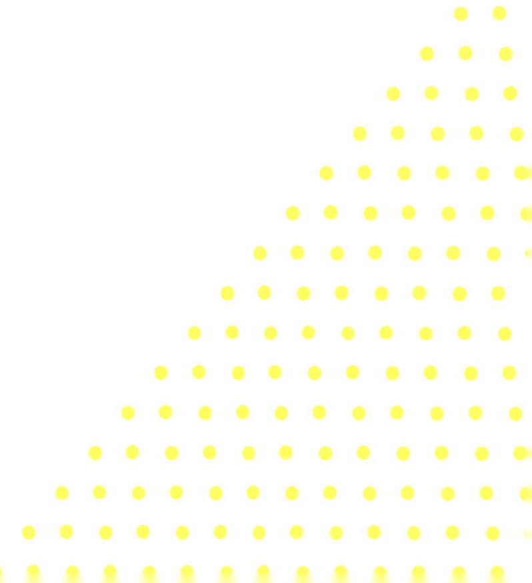

Step 2

顶髋，臀部夹紧，右手往左肩上部去拉伸，左肩着地。

Step 3

换手。整套动作重复 8—16 次。

三、侧支撑

身体侧躺，双腿前后交叉，用左前臂把侧着的身体撑起，右手叉腰，腹部收紧，身体成一条直线。

四、V字收腹

Step 1

坐于瑜伽垫上，双腿并拢伸直，双手放在身体两侧，撑在垫子上，上身挺直。

Step 2

双腿绷直抬起，双手握拳抬起，手臂与地面平行。

Step 3

腹部发力，收腿收手，腿部尽可能往胸口收。

Step 4

回到初始位。整套动作重复 10—15 次。

大宁画重点

跨步动作越快越好。

五、大风车

Step 1

双手伸直支撑在垫子上，身体成一条直线。

Step 2

腹部收紧，左腿向左手外侧跨步。

Step 3

收回左腿，右腿向右手外侧跨步。整套动作重复8—16次。

六、大腿前侧拉伸

Step 1

向右侧躺，让身体成一条直线。左手抓住左脚脚踝，左脚后跟贴牢臀部，向后拉伸。保持 15—20 秒。

Step 2

换手换腿。保持 15—20 秒。

七、大腿、小腿后侧拉伸

Step ①

坐于瑜伽垫上，左腿伸直，勾脚尖，左手抓住左脚脚尖。右腿折叠，右脚脚掌置于左大腿内侧，右手抓住左侧腰部。身体向下压，静态伸展。保持 15—20 秒。

Step ②

换手换腿。保持 15—20 秒。

八、背部拉伸

大宁画重点

做动作时，臀部尽量不要离开脚后跟。

跪于瑜伽垫上，臀部坐于脚后跟，双手伸直向前延展。保持 15—20 秒。

九、腹部拉伸

俯卧于瑜伽垫上，双脚并拢，肘支撑，胸腔抬起，微微抬头，身体延展，双腿向后延伸。保持 15—20 秒。

07

腿部运动训练

初级篇

一、开合跳

Step 1

站姿准备。

Step 2

向上跳时，双手向上击掌，双脚打开。

Step 3

跳回初始位。整套动作重复 15—20 次。

二、自重蹲

Step 1

双腿打开，与髋同宽。

Step 2

下蹲，大腿与小腿成90°，右手握住左手向前推出，膝盖不要超过脚尖。

Step 3

起身站直。整套动作重复15次。

三、弓步蹲

Step 1

直立，双手叉腰。

Step 2

右腿向前迈出，身体下蹲，大腿与小腿成90°。双手叉腰，腹部收紧，上身挺直，膝盖不要超过脚尖。

Step 3

换腿。整套动作重复10—16次。

四、海豹跳

Step 1

站姿准备。

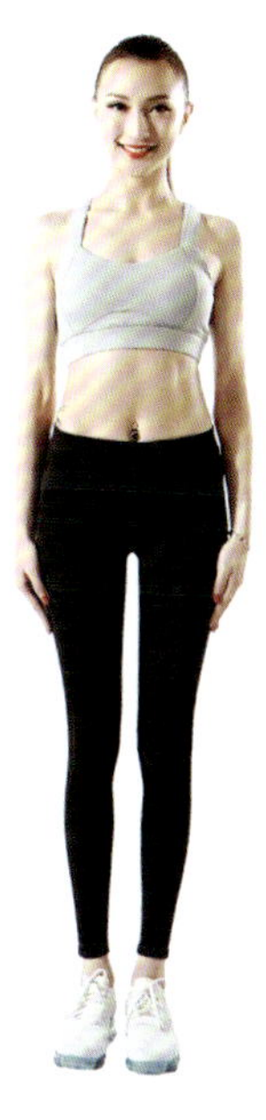

Step 2

向上跳起，双腿交叉，双手体前交叉。

Step 3

落地微屈膝。整套动作重复 10—15 次。

五、伏地起身蹲

Step ①

双手撑地，身体成一条直线。

Step ②

双腿走向手臂后方。

Step ③

双腿收拢至胸口下方，微屈膝。

Step ④

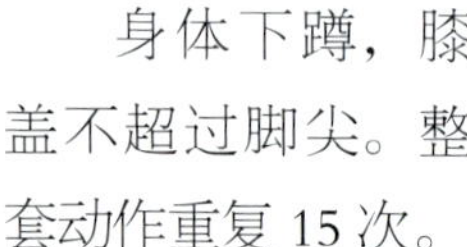

身体下蹲，膝盖不超过脚尖。整套动作重复 15 次。

六、大腿、小腿后侧拉伸

Step 1

坐于瑜伽垫上，左腿伸直，勾脚尖，左手抓住左脚脚尖。右腿折叠，右脚脚掌置于左大腿内侧，右手抓住左侧腰部。身体向下压，静态伸展。保持 15—20 秒。

Step 2

换手换腿。保持 15—20 秒。

七、大腿前侧拉伸

Step ①

向右侧躺，身体成一条直线。左手抓住左脚脚踝，左脚脚后跟贴牢臀部，向后拉伸。保持15—20秒。

Step ②

换手换腿。保持15—20秒。

八、臀部拉伸

Step 1

仰卧于瑜伽垫上，屈膝，双脚打开，与髋同宽。

Step 2

右腿架在左腿上。

Step 3

双手抱住左腿拉向腹部，感受到臀部肌肉的拉伸。保持15—20秒。

Step 4

换腿。保持15—20秒。

九、腹部拉伸

俯卧于瑜伽垫上，双脚并拢，肘支撑，胸腔抬起，微微抬头，身体延展，双腿向后延伸。保持 15—20 秒。

08

腿部运动训练

高级篇

一、左右蹲跳

大宁画重点

建议屈膝下蹲时，大腿与小腿成 90°。

Step 1

双腿打开与髋同宽，屈膝，膝盖不要超过脚尖，背部保持挺直。

Step 2

向上跳起。落地时，脚尖先着地，缓冲自身压力。

Step 3

整套动作重复 12—16 次。

二、弓部顶膝

STEP1.
微信扫码加好友获取邀请码

STEP2.
扫码免费观看腿部高级视频

Step 1

左腿向前迈一步，做弓步，手伸直，举过头顶。

Step 2

左腿蹬直，右腿抬起，双臂后摆。

换腿。整套动作重复 12—16 次。

三、伏地收腿蹲

Step 1

双手撑地，双腿向后伸直，双脚打开，身体成一条直线。

Step 2

双腿收拢至胸口下方位置。

Step 3

身体下蹲，大腿与小腿呈 90°。

Step 4

双手撑地，双腿向后伸直，身体成一条直线。整套动作重复 10—16 次。

四、大腿前侧拉伸

Step 1

向左侧躺，身体成一条直线。右手抓住右脚脚踝，右脚脚后跟贴牢臀部，向后拉伸。保持 15—20 秒。

Step 2

换手换腿。保持 15—20 秒。

五、大腿、小腿后侧拉伸

Step 1

坐于瑜伽垫上，左腿伸直，勾脚尖，左手抓住左脚脚尖。右腿折叠，右脚脚掌置于左大腿内侧，右手抓住左侧腰部。身体向下压，静态伸展。保持15—20秒。

Step 2

换手换腿。保持15—20秒。

六、臀部拉伸

Step 1

仰卧于瑜伽垫上，屈膝，双脚打开，与髋同宽。

Step 2

右腿架在左腿上。

Step 3

双手抱住左腿拉向腹部，感受到臀部肌肉的拉伸。保持 15—20 秒。

Step 4

换腿。保持 15—20 秒。

七、腹部拉伸

Step 1

两脚打开，微屈膝，身体前倾，双手交叉。

Step 2

双手上举，踮脚尖，充分拉伸腹部。

09

臀部运动训练

一、自重蹲

Step ❶

直立，双脚打开，与髋同宽。

Step 2

蹲至大腿与小腿成 90°，双手体前抱拳。

Step 3

身体站直，双手回到身体两侧。整套动作重复 15 次。

二、侧躺侧踢腿

Step 1

侧躺于瑜伽垫上，左手手肘撑地，右手叉腰。

Step 2

抬起右腿，向上踢到极限，身体保持一条直线。

Step 3

右腿回到双腿合拢位置。慢上慢下，臀部侧边发力。换腿。整套动作重复 15 次。

三、弓步蹲

Step 1

直立，双手叉腰。

Step 2

向前迈出左腿，弓步下蹲，大腿与小腿成 90°。

Step 3

换腿。整套动作重复 8—16 次。

四、臀桥

Step 1

身体仰卧于瑜伽垫上。

Step 2

屈膝，双脚打开，与髋同宽，双手放身体两侧。

大宁画重点

夹臀向上顶时，保持匀速，切勿发力过猛，使自己受伤。

Step 3

顶髋，夹臀向上顶。顶至身体成一条直线后，慢慢放下。整套动作重复 15 次。

五、俯身后踢腿

Step ①

四肢支撑着地，肩关节和腕关节保持在一条直线上，髋关节和膝关节保持在一条直线上。

Step ②

腹部收紧，左腿向后踢，腿绷直。

Step 3

收腿。

Step 4

换腿。整套动作重复 12—16 次。

六、蛙式

Step ①

侧躺于瑜伽垫上，右手手肘撑地，左手叉腰，屈腿，双脚脚后跟跟身体成一条直线。

Step ②

膝关节向上打开，双脚脚后跟不分开，脚尖向上。

Step 

回到双腿合拢的位置。

Step 

换腿。整套动作重复 15 次。

七、臀部侧拉伸

Step 1

身体仰卧于瑜伽垫上。

Step 2

右腿向左侧折叠，左手拉右大腿，右手伸出，眼睛看向右手指尖。保持 15—20 秒。

Step 3

换手换腿。保持 15—20 秒。

八、臀部拉伸

Step 1

身体仰卧于瑜伽垫上，屈膝。

Step 2

右腿架于左腿上。

Step 3

双手抱住大腿，量尽压向腹部，感受到臀部肌肉的拉伸。保持 15—20 秒。

Step 4

换腿。保持 15—20 秒。

CHAPTER
SEVEN
第七部分

大宁带你
“约会”马甲线

瘦身明星 1

健身档案

昵称	我爱李宏毅	健身前体重	110斤
性别	女	健身后体重	92斤
粉丝感言	从没想过我会瘦到90斤！		

大宁，很感谢能遇见你，在遇见你之前，从来没有想过有一天我也可以是个体重 90 多斤的苗条女生，更没有想过我会爱上运动。你教会了我很多，可以说你是我生命中的贵人。你帮助了那么多人，却没有想过回报。你身材已经那么好，还是每天都带着我们练。

说实话，我很享受运动完出汗的感觉，哪怕之前心情再坏，也会因为运动而变好。可能之后会因为各种原因，你不再带我们练了，但是我不会忘记你，你是我们的大宁，我们要跟着你变瘦、变美丽。你是一名专业的健身教练，跟着你肯定没错。下学期，我会继续跟着你跳操。

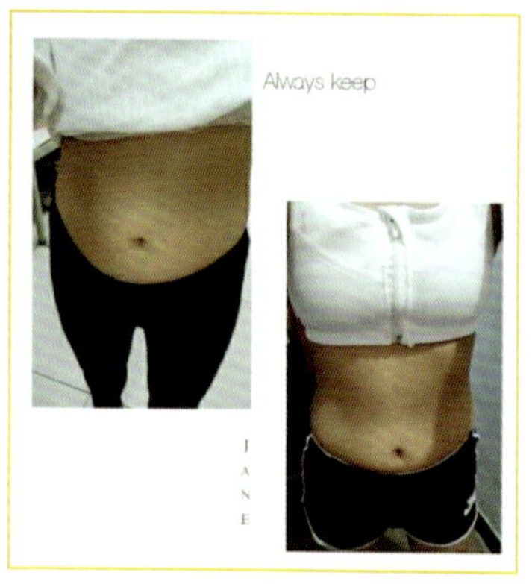

图 1

图 2

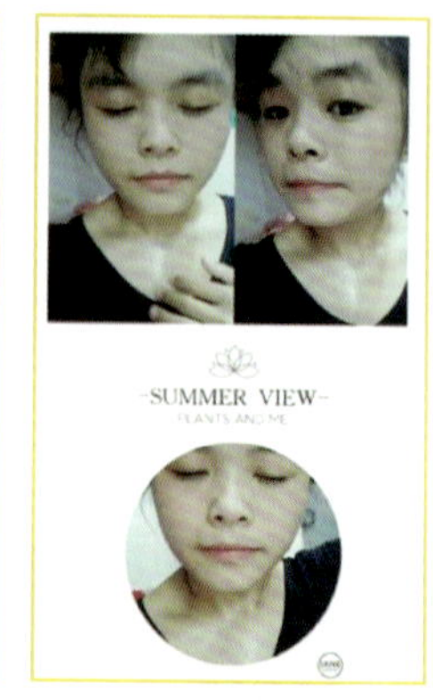

图 3

这是我的照片，刚练的时候没有拍照，图 1 是练了一段时间后和现在的肚子对比照片，图 2 是胖的时候和瘦的时候的对比照片，图 3 是我跳操之后的照片。

作为一名学生，能跟着你练的时间并不长，因为你的授课时间和我们的自习时间刚好冲突。我只能看着回放练习。在饮食上，我并没有控制，早饭和午饭能吃多少就吃多少，晚饭则少吃或不吃。跟着你跳完操后，如果饿了，就喝水。每星期保持至少 4 天的运动量，刚跟你练的时候，体重是 110 斤，现在的体重在 92 斤左右。很感谢你，我会一直练下去。希望有一天，我也能看到自己的马甲线。大宁，我们一起加油！

瘦身明星　2

健身档案

昵称	鸽子猪	健身前体重	136斤
性别	女	健身后体重	119斤
粉丝感言	跟着宁宁练，开启不一样的美丽人生！		

我是 2016 年秋天在淘宝直播上看到宁宁的，感觉宁宁在健身领域非常专业，于是抱着试试的心态跟着练。刚开始的时候真的很累，可是见到宁宁的好身材，自己好羡慕，所以就和自己说：“想要身材好，就要有所付出。”

坚持 10 天后，肚子明显小了很多。之前也在美容院减过肥，瘦是瘦了，可是后来体重反弹得更厉害。但是跟着宁宁练，不但没有反弹，反而更瘦、更美丽！现在，我爱上了运动，也爱上了宁宁。

何宁宁：一刻钟健身

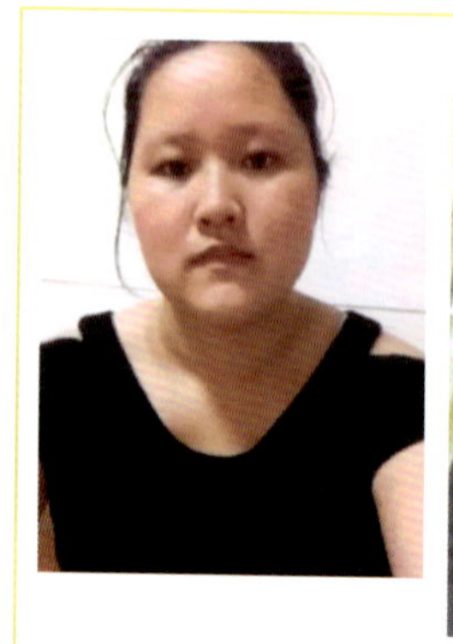

健身前　健身后　健身前　健身后

我以前136斤，现在119斤。谁变漂亮了还想变丑啊！加油哦！想瘦的朋友，跟着宁宁一起运动吧，开启你不一样的美丽人生。

瘦身明星　3

健身档案

昵称	小明	健身前体重	120斤
性别	女	健身后体重	105斤
粉丝感言	60天就没有了赘肉！		

我和大宁的故事开始于美拍。2014年6月1日，大宁注册美拍。我因为一只猫和一只狗关注了大宁。后来我美拍账号丢了，重新注册了一个，重新找回了大宁，开始做一个默默关注她的小“粉丝”。2017年3月，我有了大宁的微信，实在是受宠若惊！然后大宁就变成了我的大宝贝，一直到现在，仍然是我的大宝贝，感动、煽情的话不说，只愿一直陪你到最后。

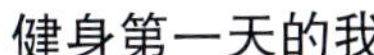

健身第一天的我

健身第 60 天的我

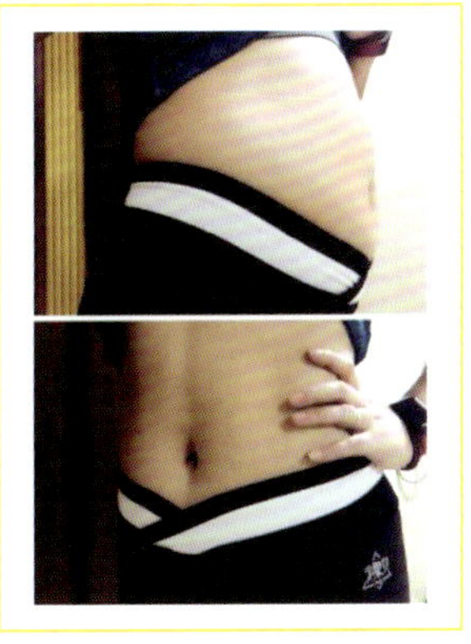

健身第一天的腹部

健身第 60 天的腹部

跟着大宁健身，最大的收获是爱上运动。每天跟着大宁做运动，成了我生活的一部分。我的体重从健身前的 120 斤，下降到现在的 105 斤，脸都小了呢！健身 60 天，连肚子上的赘肉都消失了！你说，我能不爱大宁吗？

瘦身明星　4

健身档案

昵称	柔柔cc妈	健身前体重	146斤
性别	女	健身后体重	115斤
粉丝感言	20天瘦13斤！		

我是一个家庭主妇，接送孩子、洗衣、做饭、收拾房间是我一天的工作，唯一的娱乐就是逛淘宝，买点自己喜欢的东西，还有生活必需品。在遇到大宁之前，我也有关注两三个主播，都是卖童装的。直到有一天，我遇到了大宁，看见她，就觉得她跟其他主播不同，因为其他的主播不是弄些秒杀卖货就是推荐商品，而她却是在带操，一边跳还一边喊口号。

何宁宁：一刻钟健身

我并没有像其他人一样，打字跟她互动，我知道她没空看。我就跟着大宁做了半个小时的操，然后关注了她。我是一个身高 1.62 米，体重 146 斤的胖宝妈。之后，每天我都按时去看她的直播，她也每天都准时上线带操。后来我决定，我也要加入大宁的队伍。因为体重是我的硬伤。

健身前

健身后

本来，我对自己的身材已经死心了，因为每次才瘦了一些，不到 1 个月又会胖回来。跑步坚持不了，太累；散步效果又不佳。

节食最不靠谱。之前，我靠节食 3 个月减了 40 多斤，可脸是青的，嘴唇是白的，走起路来晃晃悠悠的，还特别怕冷。然后，老公对我说："别减肥了，健康更重要。"我一放松，立马 146 斤！所以说节食减肥真的不行。

我看到大宁，就像在黑暗中看见了曙光。我比谁都迫切地想要减肥，虽然我是两个孩子的妈妈，可我不想放弃自己，不想在 20 多岁时就活成了大妈。

可我偏偏属于真的很难瘦的那种体质，减肥的事一拖再拖，直到遇到大宁。我心中时常想起一首歌——张靓颖的《终于等到你》，真的很贴切。我一开始跟大宁练，很吃力，喘得很厉害。才练 1 个小时，就感觉自己快要背过气了。不过要瘦，就一定要坚持住。我咬咬牙，接着练，哪怕身体抖得像发电机一样。

渐渐地，我能跟着做完 2 个小时的运动任务。慢慢地，我的动作做得更加标准。现在我能跟完全程。跟了 20 天，我瘦了 13 斤，皮肤变得白里透红、更细腻了，嘴唇恢复红润，走路轻松了，人也健康了。

我在做操的时候，我的小女儿每天都在旁边为我加油打气。她还拿另一台手机不断给大宁点赞。她说：“阿姨好厉害哦！”有一天，她突然跟我说，想跟大宁说句话。她说：“谢谢阿姨，帮妈妈减肉肉！”我很感动，在女儿幼小的心灵里，她知道，是大宁让妈妈更健康、更漂亮。老公看到我每天练操，最爱对我说：“老婆，你怎么又瘦了！”老公也是大宁的忠实“粉丝”，因为事实证明，是大宁让我拥有更健康的身体和更好的身材。

我会一直跟着大宁练。一天没看到大宁，我就浑身不舒服。即便大宁有事，没空开直播，我也会跟着回放练习。大宁就像一个“闺蜜”，每时每刻陪伴着我，带给我美丽自信。

瘦身明星　5

健身档案

昵称	倩倩	健身前体重	130斤
性别	女	健身后体重	105斤
粉丝感言	感谢命运让我遇到你！		

以前的我很迷茫，为了好身材，想尽了一切办法，比如吃减肥药，可都无功而返，反而伤了身体。偶然有一天，我在淘宝直播上遇到了大宁。是大宁鼓舞我，给了我健康减肥的动力，让我有了一次全新的蜕变。感谢命运让我遇到你，因为有你，我才更完美。大宁，我永远支持你！

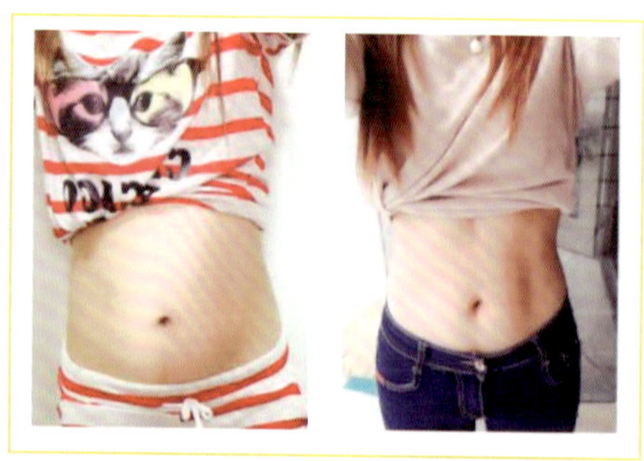

健身前　　　　健身后

瘦身明星　6

健身档案

昵称	男二号	健身前体重	190斤
性别	男	健身后体重	140斤
粉丝感言	感谢让我在生命中遇到你！		

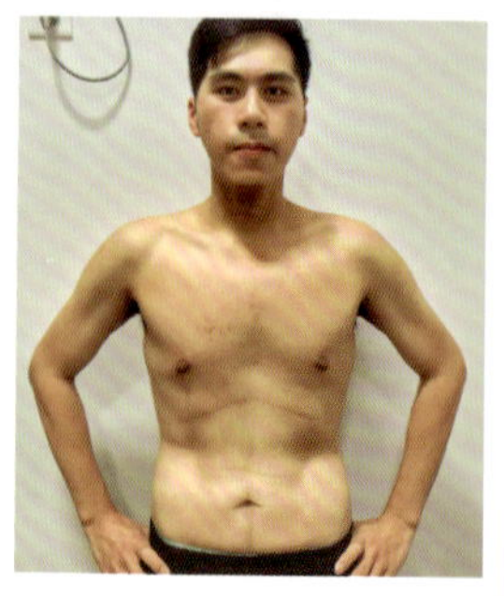

我从 2017 年 8 月开始跟着大宁直播锻炼，到现在一共瘦了 50 斤，也学到了很多的健身知识。从开始的不坚定变成坚定，从不可能变成可能，健身不仅能改变外表，还能改变心态和生活，是大宁让我得到蜕变。感谢让我在生命中遇到你。

HELLO!

CHAPTER
EIGHT
第八部分

运动与营养

01 健身运动的能量代谢特征

运动与营养是维持身体健康的两个重要因素，两者相互支持，缺一不可。没有营养支持的运动，会造成机体损伤；只补充营养而不运动，也会造成身体病变。想获得理想的健身效果，不仅仅要采用科学、合理的锻炼方法，还要配有科学合理的营养搭配。吃什么，怎么吃，都对健身效果有着重要的影响。为此，我们简要介绍健身运动的能量代谢特征，以及在不同食物的营养价值的基础上，如何通过平衡膳食获得理想的健身效果！

问答小贴士

Q：不同的健身运动所需的能量从哪里来？

A：不同的健身运动所需要的能量主要来源于三种情况。

第一种，当运动持续时间在 10 秒以内且强度很大时，健身运动需要的能量主要源于磷酸肌酸分解放能；

第二种，当运动持续时间在 10 秒以上且强度很大时，健身运动需要的能量主要源于糖原酵解生能；

第三种，当运动中氧的供应能满足氧的需要时，运动所需的能量主要由糖、脂肪的有氧氧化来提供。

健身运动中所需的能量主要来自于三磷酸腺苷（简称 ATP）。它是肌肉活动唯一的直接能源，也是人体其他任何细胞活动的直接能源。ATP 由一个称为腺苷的大分子和三个较简单的磷酸根组成，后两个磷酸根上有“高能键”，键上贮有大量化学能，故 ATP 这类化合物又称为高能磷化物。

肌肉活动时，ATP 一被分解就会立刻再合成。根据运动的具体情况，再合成所需的能量来源有三种：一是磷酸肌酸分解放能；二是糖原酵解生能；三是糖和脂肪（还有部分蛋白质）氧化供能。

02 不同健身运动的营养需求

问答小贴士

Q：健身运动的时候，该怎么补充营养？

A：想回答这个问题，必须要了解不同健身运动的营养需求。只有这样，才能科学合理地进行营养补充。

Q：不同的健身运动对营养需求有哪些?

A：在大众体育健身活动中，无论有氧运动还是无氧运动都因各个项目代谢特点不同而对合理营养有着不同的需求特点。

一、跑步类项目的营养特点

短跑以力量素质为基础的无氧代谢供能为特点，负荷强度高，要求有较好的爆发力。

能量来源主要由糖原无氧酵解供应，运动中有大量乳酸产生。针对这些特点，膳食中应含丰富易吸收的碳水化合物、维生素 B1、维生素 C 和含有较多的蛋白质、磷，以增大肌肉体积，提高肌肉质量，满足肌肉和神经代谢的需要。摄入磷和糖，能为脑组织提供营养，改善神经控制和增强神经传递。而钙、镁、铁及维生素 B1 能改善骨肉收缩质量。可以食用香蕉、橘子、柠檬、葡萄、米饭、植物油、牛奶、肉类、肝脏、蔬菜、蛋禽、豆制品等。营养搭配应该全面、平衡。

二、健美操、体操项目的营养特点

健美操以及在一些群众体育活动中开展的竞技体操、艺术体操，强调技巧，动作复杂而多样，要求运动者有较强的力量、较好的速度素质，以及良好的身体协调性，对神经系统有较高的要求。并且此项运动对运动者的体重和体型要求较高，建议多食用：高蛋白质、高热量、低脂肪食物，如水果、蔬菜、酸奶等。摄入的维生素、矿物质成分中，突出铁、钙、磷的含量及维生素 B1、维生素 C 的含量。

三、球类项目的营养特点

球类项目对运动者的力量、速度、耐力、灵敏、柔韧、身体的协调性等素质有较高的要求。应根据运动量大小，保证摄入的热量和营养均衡。食物中要含丰富的蛋白质、糖、磷以及维生素 B1、维生素 C、维生素 E、维生素 A。由于球类运动对视力和神经调控要求较高，因此食物中维生素 A 的含量和磷的含量应更高些，可适当摄入动物内脏、瘦肉、蛋、奶、坚果等。足球、网球等均为户外运动且活动时间较长，运动者的矿物质、水分丢失较多，应及时补充。

四、冰雪类项目的营养特点

冰雪运动的活动场地温度较低，机体产热过程增强以维持体温，所以蛋白质和脂肪消耗较多，膳食中必须给予保障。同时增加糖类以提供能源。适当摄入动物肝脏、蛋、奶以及有色蔬菜和水果，如胡萝卜、南瓜和芒果等，以增加维生素 A、维生素 B 族的摄入，保护眼睛，适应冰雪场地的白色环境。

五、游泳项目的营养特点

游泳项目在水中进行，机体散热较多、较快，冬泳更是如此。游泳锻炼要求一定的力量与耐力素质，且能量消耗大，要求在膳食中增加热能较高的食物，即含有丰富的蛋白质、糖和适量脂肪，如适当增加含糖量高的米、面，含蛋白质较高的鱼、禽类、牛肉等。摄入的维生素以 B1、维生素 C、维生素 E 为主。矿物质方面增加碘的含量，以适应低温环境甲状腺素分泌增多的需要。

六、棋牌类的营养需求特点

棋牌类是以脑力活动为主的项目，脑细胞的能源特质完全依赖血糖提供。当血糖降低时，脑耗氧量下降，能力下降，随之产生一系列不适症状，所以棋牌类项目对糖类有着特殊的需求，可在下棋、打牌时随时补充。在膳食上需适当增加含糖量较高的食物，如蜂蜜、玉米、面或水果等，此外，增加蛋白质和维生素 B1、维生素 C、维生素 E、维生素 A 的供给，提高卵磷脂、钙磷铁的含量。应减少脂肪摄入，以降低机体耗氧，保证脑组织的氧供应。

03 食物的营养价值

问答小贴士

Q：既然不同的健身运动需要的营养不一样，那该如何补充营养？

A：为了科学合理地补充各类运动所需要的营养，我们必须要了解不同的食物营养价值，只有这样才能科学合理地制订营养补充方案。

Q：食物都有哪些营养价值？

A：不同的食物营养价值是不一样的。本节就重点介绍一下粮谷类、豆类、肉类、水产品等的营养价值。

食物能为人类健身运动提供活动所需要的能量以及糖类、脂肪、蛋白质、维生素、矿物质和水六大类营养素。人类的食物种类众多，主要包括粮谷类、豆类、肉类、水产类、蛋类、奶类等。按其来源可分为动物性和植物性两大类，按其营养功能可分为热力性食物和保护性食物两类。热力性食物是指以供给能量为主的富含碳水化合物、脂肪、蛋白质等营养物质的食物，如粮食、油脂、肉类等，保护性食物是指以构成身体组织调节生理功能为主的富含体质蛋白质、维生素、无机盐等营养物质的食物。

一、粮谷类食品的营养价值

粮谷类是我国居民的主食，是蛋白质和能量的主要来源，也是一些矿物质和 B 族维生素的重要来源。我国居民摄取的 50%—70% 的蛋白质、60%—70% 的能量来源于粮谷类。常见的粮谷类食物有大米、小麦、玉米、高粱等。谷类脂肪含量很少，约占总重量的 2%。粮谷碳水化合物主要为淀粉，平均含量为 70%，谷类淀粉利用率在 90% 以上，是供给能量最经济的来源。 粮谷类矿物质含量约为 1.5%—3.0%，其中，50%—60% 为磷，且多以钙镁盐的形式存在，钙含量不多，铁更少，此外还有些微量元素。粮谷主要含有 B 族维生素等。

二、豆类及其制品的营养价值

豆类包括大豆和其他豆类，是人类重要的食物之一。等量大豆所提供的能量虽然与粮谷相近似，但其提供的蛋白质和脂肪量要比粮谷高出数倍。大豆类常指黄豆、青豆和黑豆，含有较高的蛋白质和脂肪，碳水化合物相对较少，含有较多的矿物质，维生素B族含量也多于谷类。大豆含蛋白质35%—40%，是粮谷的3—5倍，也高于牛肉的含量。氨基酸的组成和比例较适合人体需要，与牛奶、鸡蛋相近。大豆含脂肪甚为丰富，平均为18%。大豆的碳水化合物含量约为25%，其中约一半为淀粉、半乳聚糖和蔗糖等。大豆含有一定量B族维生素，其含量比粮谷类多数倍。大豆虽然没有维生素C，却含有一定量的胡萝卜素和维生素E。大豆含有丰富的钙、磷、铁，但铁的吸收率不高。

三、肉类食品的营养价值

通常人们摄取的肉类往往是含有不同程度脂肪和胶原纤维等的混合构成物，能为人体提供各种氨基酸、脂肪、矿物质和维生素。肉类营养成分含量随动物的种类、部位、年龄及肥瘦程度的不同而有显著差异。一般动物内脏中脂肪含量较少，维生素和无机盐则比较丰富。畜肉含蛋白质10%—20%，畜肉蛋白质的必需氨基酸含量及利用率与鸡蛋相近，营养价值较高。畜肉脂肪含量因取样部位不同而有较大差异，波动范围为 10%—90%，平均含量 10%—30%。畜肉的脂肪酸多为饱和脂肪酸。内脏的胆固醇含量最高，肥肉次之。肌肉中的碳水化合物以糖原形式存在，含量很少。畜肉含矿物质约为 0.6%—1.1%，其中，磷、钙含量较高。其中，钙的吸收率较好。猪肝和猪肾中铁的含量较高，吸收利用率也较高。畜肉中的维生素含量以硫胺素为最高，内脏中特别是肝脏中的维生素 A、维生素 B1、维生素 B2 均高于肌肉。禽肉制品较优于畜类肉制品。

四、水产品的营养价值

水产品包括各种鱼类、虾、蟹、贝类和海藻类海带、紫菜等。鱼类是蛋白质的良好来源，一般含量在 15%—20%，鱼肉蛋白质利用率为 85%—90%。鱼肉含水分多，脂肪量少，肌肉纤维短细，比畜肉细嫩，更易消化吸收。鱼类脂肪含量为 1%—10%，不同鱼种含脂肪量差异很大，平均为 1%—3%。如鳕鱼、银鱼的脂肪含量在 1%以下，而河鳗脂肪含量为 28.4%。鱼肉中的矿物质含量为 1%—2%，磷的含量最高，约占总的 40%，另外，钙的含量高于禽肉，但钙的吸收率较低。鱼类是维生素的良好来源，如维生素 B2 等。鱼的肝脏含有丰富的维生素 A 和维生素 D。

五、蛋类的营养价值

各种蛋类在结构和营养成分上大致相似。蛋类食品营养价值较高，蛋中除缺乏维生

素C外几乎含有人体必需的所有营养素。每个蛋中，蛋黄占32%，蛋清占57%，蛋壳占11%。蛋白质占蛋类所食部分的13%—15%，非常适合食用。脂肪主要存在于蛋黄中。蛋黄中30%为脂肪，而且呈乳化状态，易于消化吸收。

蛋类的矿物质含量丰富，主要集中在蛋黄内。钙、磷和铁较多，但铁的吸收利用率较差。蛋清中所含矿物质以钠和钾为主。

六、奶类的营养价值

奶类是一种营养丰富、容易消化吸收、食用价值很高的食品。各类动物的乳汁所含的营养成分绝大部分相同。牛奶是人类最普遍食用的奶类。牛奶含蛋白质约3.5%，比人乳高3倍，其相对含量与鸡蛋蛋白质近似，故其利用率高。 牛奶中的脂肪含量约为3.4%—3.8%，脂肪酸及其衍生物种类多达500余种，还含有少量亚油酸和卵磷脂等必需的营养物质。牛奶的碳水化合物主要是乳糖，含量为 4.5%—4.7%。乳糖不易溶解，低温时基本不溶解。乳糖会被乳糖酶分解成乳酸，有助于肠道中乳酸杆菌的繁殖和抑制肠道腐败菌的生长，改变肠道菌群。牛奶中矿物质含量为 0.7%—7.5%，其中，钙、磷和钾等尤其丰富。每升牛奶可供给 1 克钙，且吸收率高。铁的含量较低，吸收率也较差。牛奶中维生素含量因乳牛的饲养条件、产奶季节和奶制品加工方式不同而有差异。有青饲料的季节，牛乳中胡萝卜素和维生素 C 的含量均较高。夏季日照多，牛乳中的维生素 D 含量也较高。

七、蔬菜类的营养价值

蔬菜是人们日常生活的重要食品，在膳食中所占比重大，每天摄入量较多，是维生素 C、维生素 B2、胡萝卜素、钙、磷、铁等营养物质的重要来源，热能、蛋白质和脂肪含量很少。 维生素 C 一般分布在代谢旺盛的叶、花、嫩茎组织中，与叶绿素呈平行分布。如

小白菜、菠菜、柿子椒、苦瓜、油菜等蔬菜中维生素 C 含量丰富。胡萝卜素与蔬菜的色素共存，凡绿、红、橙、紫色的蔬菜都会有胡萝卜素，深色叶菜含量尤其高，如韭菜、油菜、胡萝卜、菠菜、太古菜和老南瓜等胡萝卜素含量丰富。 油菜、萝卜缨、苋菜、青蒜、四季豆、毛豆等含维生素 B2 较多。蔬菜的矿物质十分丰富，除了成碱性钙、钾、钠、铁等元素外，还含有一定量的铜、锌、碘、磷等元素。纤维素在体内不能被吸收利用，但可促进肠蠕动和某些废弃物在体内的排泄，可阻止或减少胆固醇的吸收，预防冠心病。

八、水果类的营养价值

水果类的营养特点与蔬菜相似，其热能、蛋白质和脂肪含量很少。碳水化合物主要是糖、淀粉和果胶。由于水果种类不同，其含糖量也不一样。水果含有果胶类物质，山楂、苹果、柑橘中果胶类物质含量较多，故可以加工制成果酱或果冻。新鲜水果是人体维生素 C 的主要来源，含量较多的有鲜枣、山楂、柑橘。胡萝卜素含量较丰富的水果有芒果、杏、枇杷、红果。水果中含有丰富的钙、钾、钠、镁、铜等元素，是人体无机盐的重要来源。水果富含有机酸，故多具有酸味，有利于保护抗坏血酸，并可促进消化液分泌，有助于消化吸收。

九、主要食物营养成分表

主要食物营养成分表

（每百克食物所含的成分）

类别	食物名称	蛋白质（克）	脂肪（克）	碳水化合物（克）	热量（千卡）	无机盐类（克）	钙（毫克）	磷（毫克）	铁（毫克）
谷类	大米	7.5	0.5	79	351	0.4	10	100	1.0
	小米	9.7	1.7	77	362	1.4	21	240	4.7
	高粱米	8.2	2.2	78	385	0.4	17	230	5.0
	大麦仁	10.5	2.2	66	326	2.6	43	400	4.1
	面粉	12.0	0.8	70	339	1.5	22	180	7.6
干豆类	黄豆（大豆）	39.2	17.4	25	413	5.0	320	570	5.9
	青豆	37.3	18.3	30	434	5.0	240	530	5.4
	黑豆	49.8	12.1	19	384	4.0	250	450	10.5
	赤小豆	20.7	0.5	58	318	3.3	67	305	5.2
	绿豆	22.1	0.8	59	332	3.3	34	222	9.7
	花豇豆	22.6	2.1	58	341	2.5	100	456	7.9
	豌豆	24.0	1.0	58	339	2.9	57	225	0.8
	蚕豆	28.2	0.8	49	318	2.7	71	340	7.0
鲜豆类	青扁豆荚（鹊豆）	3.0	0.2	6	38	0.7	132	77	0.9
	白扁豆荚（刀子豆）	3.2	0.3	5	36	0.8	81	68	3.4
	四季豆（芸豆）	1.9	0.8	4	31	0.7	66	49	1.6
	豌豆（准豆、小寒豆）	7.2	0.3	12	80	0.9	13	90	0.8
	蚕豆（胡豆、佛豆）	9.0	0.7	11	86	1.2	15	217	1.7
	菜豆角	2.4	0.2	4	27	0.6	53	63	1.0
豆类制品	黄豆芽	11.5	2.0	7	92	1.4	68	102	6.4
	豆腐浆	1.6	0.7	1	17	0.2	—	—	—
	北豆腐	9.2	1.2	6	72	0.9	110	110	3.6
	豆腐乳	14.6	5.7	5	30	7.8	167	200	12.0
	绿豆芽	3.2	0.1	4	30	0.4	23	51	0.9
	豆腐渣	2.6	0.3	7	41	0.7	16	44	4.0

续表

类别	食物名称	蛋白质（克）	脂肪（克）	碳水化合物（克）	热量（千卡）	无机盐类（克）	钙（毫克）	磷（毫克）	铁（毫克）
根茎类	小葱（火葱、麦葱）	1.4	0.3	5	28	0.8	63	28	1.0
	大葱（青葱）	1.0	0.3	6	31	0.3	12	46	0.6
	葱头（大蒜）	4.4	0.2	23	111	1.3	5	44	0.4
	芋头	2.2	0.1	16	74	0.8	19	51	0.6
	红萝卜	2.0	0.4	5	32	1.4	19	23	1.9
	荸荠（乌芋）	1.5	0.1	21	91	1.5	5	68	0.5
	甘薯（红薯）	2.3	0.2	29	127	0.9	18	20	0.4
	藕	1.0	0.1	6	29	0.7	19	51	0.5
	白萝卜	0.6	—	6	26	0.8	49	34	0.5
	马铃薯（土豆、洋芋）	1.9	0.7	28	126	1.2	11	59	0.9
叶菜类	黄花菜（鲜金针菜）	2.9	0.5	12	64	1.2	73	69	1.4
	黄花（金针菜）	14.1	0.4	60	300	7.0	463	173	16.5
	菠菜	2.0	0.2	2	18	2.0	70	34	2.5
	韭菜	2.4	0.5	4	30	0.9	56	45	1.3
	苋菜	2.5	0.4	5	34	2.3	200	46	4.8
	油菜（胡菜）	2.0	0.1	4	25	1.4	140	52	3.4
	大白菜	1.4	0.3	3	19	0.7	33	42	0.4
	小白菜	1.1	0.1	2	13	0.8	86	27	1.2
	洋白菜（椰菜）	1.3	0.3	4	24	0.8	100	56	1.9
	香菜（芫荽）	2.0	0.3	7	39	1.5	170	49	5.6
	芹菜茎	2.2	0.3	2	20	1.0	160	61	8.5
菌类	蘑菇（鲜）	2.9	0.2	3	25	0.6	8	66	1.3
	口蘑（干）	35.6	1.4	23	247	16.2	100	162	32.0
	香菌（香菇）	13.0	1.8	54	384	4.8	124	415	25.3
海菜类	木耳（黑）	10.6	0.2	65	304	5.8	357	201	185.0
	海带（干，昆布）	8.2	0.1	57	262	12.9	2250	—	150.0
	紫菜	24.5	0.9	31	230	30.3	330	440	32.0

续表

类别	食物名称	蛋白质（克）	脂肪（克）	碳水化合物（克）	热量（千卡）	无机盐类（克）	钙（毫克）	磷（毫克）	铁（毫克）
茄瓜果类	南瓜	0.8	—	3	15	0.5	27	22	0.2
	西葫芦	0.6	—	2	10	0.6	17	47	0.2
	瓠子（龙蛋瓜）	0.6	0.1	3	15	0.4	12	17	0.3
	丝瓜（布瓜）	1.5	0.1	5	27	0.5	28	45	0.8
	茄子	2.3	0.1	3	22	0.5	22	31	0.4
	冬瓜	0.4	—	2	10	0.3	19	12	0.3
	甜瓜	0.3	0.1	4	18	0.4	27	12	0.4
	菜瓜（地黄瓜）	0.9	—	2	12	0.3	24	11	0.2
	黄瓜	0.8	0.2	2	13	0.5	25	37	0.4
	西红柿（番茄）	0.6	0.3	2	13	0.4	8	32	0.4
水果类	西瓜	1.2	—	4	21	0.2	6	10	0.2
	柿	0.7	0.1	11	48	2.9	10	19	0.2
	枣	1.2	0.2	24	103	0.4	41	23	0.5
	苹果	0.2	0.6	15	60	0.2	11	9	0.3
	香蕉	1.2	0.6	20	90	0.7	10	35	0.8
	梨	0.1	0.1	12	49	0.3	5	6	0.2
	杏	0.9	—	10	44	0.6	26	24	0.8
	李	0.5	0.2	9	40	—	17	20	0.5
	桃	0.8	0.1	7	32	0.5	8	20	1.0
	樱桃	1.2	0.3	8	40	0.6	6	31	5.9
	葡萄	0.2	—	10	41	0.2	4	15	0.6
干果及硬果类	花生仁（炒熟）	26.5	44.8	20.0	589	3.1	71	399	2.0
	栗子	4.8	1.5	44.0	209	1.1	15	91	1.7
	杏仁（炒熟）	25.7	51.0	9.0	597	2.5	141	202	3.9
	菱角（生）	3.6	0.5	24.0	115	1.7	9	49	0.7
	红枣（干）	3.3	0.5	73.0	309	1.4	61	55	1.6
禽类	鸡肉	23.3	1.2	—	104	1.1	11	190	1.5
	鸭肉	16.5	7.5	0.1	134	0.9	11	145	4.1

续表

类别	食物名称	蛋白质（克）	脂肪（克）	碳水化合物（克）	热量（千卡）	无机盐类（克）	钙（毫克）	磷（毫克）	铁（毫克）
畜类	牛肉	20.1	10.2	—	172	1.1	7	170	0.9
	牛肝	18.9	2.6	9.0	135	0.9	13	400	9.0
	羊肉	11.1	28.8	0.5	306	0.9	11	129	2.0
	羊肝	18.5	7.2	4.0	155	1.4	9	414	6.6
	猪肉	16.9	29.2	1.1	335	0.9	11	170	0.4
	猪肝	20.1	4.0	2.9	128	1.8	11	270	25.0
乳类	牛奶（鲜）	3.1	3.5	4.6	62	0.7	120	90	0.1
	牛奶粉	25.6	26.7	35.6	48.5	—	900	—	0.8
	羊奶（鲜）	3.8	4.1	4.6	71	0.9	140	—	0.7
蛋类	鸡蛋（全）	14.8	11.6	—	164	1.1	55	210	2.7
	鸭蛋（全）	13.0	14.7	0.5	186	1.8	71	210	3.2
	咸鸭蛋（全）	11.3	13.2	3.3	178	6	102	214	3.6
虾、蟹、蛤类	河螃蟹	1.4	5.9	7.4	139	1.8	129	145	13.0
	明虾	20.6	0.7	0.2	90	1.5	35	150	0.1
	青虾	16.4	1.3	0.1	78	1.2	99	205	0.3
	虾米（河产及海产）	46.8	2.0	—	205	25.2	882	—	—
	田螺	10.7	1.2	3.8	69	3.3	357	191	19.8
	蛤蜊	10.8	1.6	4.8	77	3.0	37	82	14.2
鱼类	鲫鱼	13.0	1.1	0.1	62	0.8	54	20.3	2.5
	鲤鱼	18.1	1.6	0.2	88	1.1	28	17.6	1.3
	鳝鱼	17.9	0.5	—	76	0.6	27	4.6	4.6
	带鱼	15.9	3.4	1.5	100	1.1	48	53	2.3
	黄花鱼（石首鱼）	17.2	0.7	0.3	76	0.9	31	204	1.8
油脂及其他	猪油（炼）	—	99.0	—	891	—	—	—	—
	芝麻油	—	100.0	—	900	—	—	—	—
	花生油	—	100.0	—	900	—	—	—	—
	芝麻酱	20.0	52.9	15.0	616	5.2	870	530	58.0
	豆油	—	100.0	—	900	—	—	—	—

摘自：主要食物营养成分表，人民网（www.people.com.cn/GB/14739/14745/21522/2907407.html.），2018年1月30日。

04 平衡膳食促健康

问答小贴士

Q：在了解了各种食物营养价值后，在健身运动中该怎么吃？

A：科学合理的饮食不仅能满足健身运动所需要的营养，还可以促进身体健康。此小节主要介绍平衡膳食的原则及不同健身运动的膳食需求。

如何饮食才能更好地促进健康，加强健身效果？是每个健身人都非常关注的问题。平衡膳食是指符合人体卫生要求的膳食，其质和量能满足人体生理状况、生活环境、劳动条件以及一切活动的需要。平衡膳食系由多种食物构成，能提供足够数量的热能和各种营养素，满足人体正常生理需要，并保持各种营养素之间数量的平衡，以利于消化、吸收和利用。

一、中国居民平衡膳食的指南

为了指导广大群众科学合理地摄取膳食，1989 年，我国首次发布了由中国营养学会制订的《中国居民膳食指南》（简称《指南》）。《指南》是根据营养学原则，结合国情制订的，引导群众平衡膳食，以摄取合理营养促进健康，具有普遍的指导意义。该《指南》又在 1997 年、2007 年、2016 年进行了修订和发布。《中国居民膳食指南》提出了合理膳食的八条要求。

1. 食物多样、谷类为主。食物是多种多样的，各种食物所含的营养成分不完全相同。必须广泛食用多种食物，才能满足人体各种营养需求，达到合理营养、促进健康的目的。平衡膳食应包括以下五大类：第一类为谷类及薯类，第二类为动物性食物，第三类为豆类及其制品，第四类为蔬菜水果类，第五类为纯能量食物。

2. 多吃蔬菜、水果和薯类。蔬菜与水果含有丰富的维生素、矿物质和膳食纤维。蔬菜的种类繁多，不同品种所含营养成分不尽相同。红、黄、绿等深色蔬菜中维生素含量超过浅色蔬菜和一般水果，是胡萝卜素、维生素 B2、维生素 C 和叶酸、矿物质(钙、磷、钾、镁、铁)、膳食纤维和天然抗氧化物的主要或重要来源。含丰富蔬菜、水果和薯类的膳食，对保持心血管健康、增强抗病能力、减少儿童发生干眼症的危险及预防某些癌症等方面，起着十分重要的作用。

3. 常吃奶类、豆类或其制品。奶类除含丰富的优质蛋白质和维生素外，含钙量较高，且利用率也很高，是天然钙质的极好来源。豆类是我国的传统食品，含丰富的优质蛋白质、不饱和脂肪酸、钙及维生素 B1、维生素 B2、烟酸等。为提高蛋白质摄入量和防止过多消费肉类所带来的不利影响，应大力提倡豆类，特别是大豆及其制品的生产和消费。

4. 经常吃适量鱼、禽、蛋、瘦肉，少吃肥肉和荤油。鱼、禽、蛋、瘦肉等动物性食物是优质蛋白质、脂溶性维生素和矿物质的良好来源。动物性蛋白质的氨基酸组成更适合人体需要。肉类中铁的利用率较好，而鱼类特别是海产鱼所含不饱和脂肪酸有降低血脂和防止血栓形成的作用。动物肝脏含有极为丰富的维生素 A，还富含维生素 B12、叶酸等。

但肉和荤油为高能量和高脂肪食物，摄入过多往往会引起肥胖，并且是某些慢性病的危险因素，应当少吃。

5. 食量与体力活动要平衡，保持适宜体重。食物提供能量，体力活动消耗能量。如果进食量过大而活动量不足，多余的能量就会在体内以脂肪的形式积存即增加体重，久而久之，便会发胖；相反，若食量不足，活动量过大，由于能量不足则会引起消瘦，造成劳动能力下降。所以，人们需要保持食量与能量消耗之间的平衡。经常运动能增强心血管和呼吸系统的功能，保持良好的生理状态，提高工作效率，调节食欲，强壮骨骼，预防骨质疏松。

6. 膳食应清淡少盐。膳食清淡有利于健康，即不要太油腻、太咸，不要过多食用动物性食物和油炸、烟熏食物。且需控制食盐的摄入量，建议每人每日食用食盐用量不超过6克，过量摄入将增加高血压发病风险。钠的来源除食盐外，还包括酱油、咸菜、味精等高钠食品及含钠的加工食品等。

7. 应节制饮酒。高度酒含能量高，不含其他营养素。过量饮酒会增加患高血压、中风等危险，对个人健康极其有害。

8. 吃清洁卫生、未变质的食物。在选购食物时应当选择外观好，符合卫生标准的食物。要注意卫生条件，包括进餐环境、餐具和供餐者的健康卫生状况。提倡分餐制。

二、中国居民平衡膳食的宝塔

为了使平衡膳食的概念更具体，也便于在日常生活中的实施，中国营养学会根据我国国情及国人的饮食习惯，细化了每日食物摄入量，制订了“中国居民膳食平衡宝塔”。“平衡膳食宝塔”共分五层，包含我们每天应吃的主要食物种类。谷薯类及杂豆位居底层，每人每天应吃250—400克；蔬菜和水果占据第二层，每天应分别摄入300—500克和200—350克；鱼、禽、肉、蛋等动物性食物位于第三层，其中鱼虾类40—75克，畜禽类40—75

克，蛋类 40—50 克；奶制品类、豆类及坚果食物合占第四层，分别应吃 300 克和 25 克以上。第五层塔尖是油脂类、盐和糖，每天分别不应超过 30 克、6 克和 50 克。

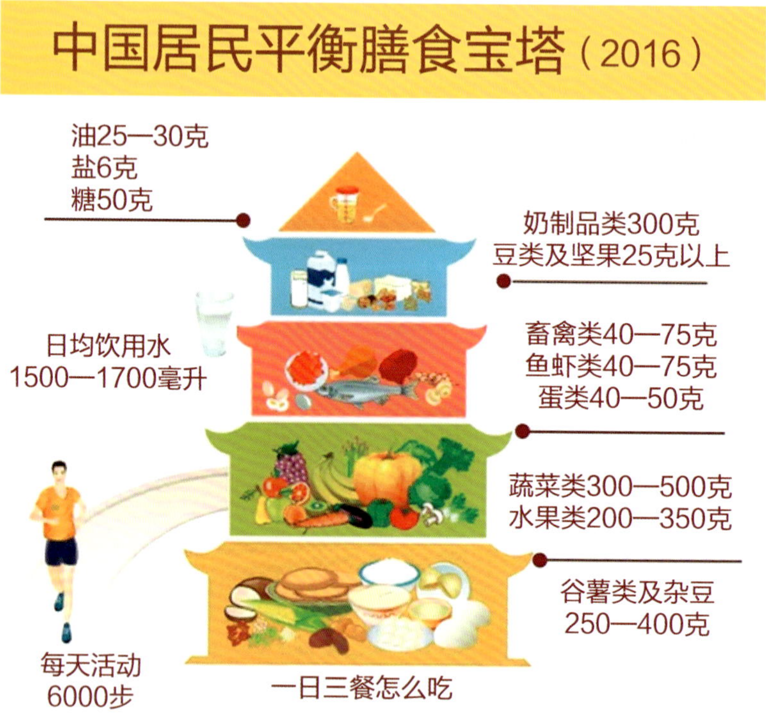

中国居民平衡膳食宝塔（2016）

油25—30克
盐6克
糖50克

奶制品类300克
豆类及坚果25克以上

日均饮用水
1500—1700毫升

畜禽类40—75克
鱼虾类40—75克
蛋类40—50克

蔬菜类300—500克
水果类200—350克

谷薯类及杂豆
250—400克

每天活动
6000步

一日三餐怎么吃

三、运动对膳食的需求

运动时的能量消耗较大，必须供给充足的能量以满足机体的需要。不同的运动项目、运动强度和持续时间，对能量的需求差异较大，要根据机体的能量消耗来确定其摄入量。摄入供给热能的营养素（碳水化合物、脂肪、蛋白质）比例适当。膳食中产热营养素的比例，对机体的代谢与工作能力有一定的影响。做较大强度运动时，人体对维生素缺乏的耐受性比较差，剧烈运动可能导致人体维生素缺乏，因此需及时、适量补充维生素。运动时会出汗，如氯化钠会随体液排出而大量流失，使人出现一系列不适症状，故应补充适量的钾盐和水分。水果、蔬菜、鱼类等均含有丰富的钾。

四、运动的平衡膳食原则

人人都渴望健美的身体，而健美的身体又与饮食息息相关。埃及教授努福尔博士根据营养结构学，提出了保持身体健美的十大原则[①]，是现代爱美人士的饮食指南。

1. 不挑食、不偏食。几乎所有的食物都含有脂肪、蛋白质、碳水化合物、维生素和矿物质，但含量有别，因而都各尽其能地为人体提供必需的营养和热量，故从人体健康角度考虑，应摄入多种食品，以满足人体对营养的需求。

2. 不要人为地破坏食物结构。减肥食物常常只注重某类食物种类的组合。单从减少食品考虑，这种做法人为地破坏了日常饮食中食物的均衡组合。营养学家认为，用餐的最佳食谱是：早餐和晚餐以淀粉和糖类食物为主，午餐主要是蛋白质食物。

3. 淀粉和脂肪都不可偏废。假如不吃淀粉类食品，摄入的肉类、奶酪、鸡蛋在人体内部不断转化为热量，会使人体缺少蛋白质、维生素和矿物质。

4. 饮食与运动要结合。引起肥胖的主要内因为遗传、内分泌等，外因是暴饮暴食和缺少运动，所以饮食不能过量，还要有适量的运动，才能保持正常的体重。

5. 不要迷信图表。数字分析和确定某食物内含热量，不可能做到百分之百精确，只是

---

① 参见中华人民共和国卫生部疾病控制司:《中国成人超重和肥胖症预防控制指南》,北京：人民卫生出版社 2006 年版。

一个平均数值，不可能精确地显示某些食物的具体成分。

6.“吃多少就吸收多少”的说法不正确。人不可能做到吃下去多少就能吸收多少，脂肪只能吸收 90%—95%，蛋白质只吸收 85%—92%。因此，不要认为只要掌握了每种食品内含的热量和其他营养物质，就能了解人体从这种食物中吸收了多少能量和营养物质。

7. 每餐食物要合理定量。由于熟食和生食的重量不同，提供的热量亦不同，故每餐食物宜根据具体情况定量。

8. 冷食有利于体型苗条。冷食为等同于或低于体温的食品。相较食用同种被加热过的食物，人体需要消耗更多的热量消化冷食，因而有利于身材苗条。但肠胃敏感者慎用此条。

9. 咀嚼食品有利于消化和消耗热量。咀嚼食品能消耗一定的热量，饭菜经细嚼慢咽后有利于人体消化吸收。

10. 注重营养组合。从营养学角度看，蛋白质、碳水化合物和脂肪对人体同样重要，三者缺一不可。

常见食物热量表
（以每百克食物计算）

食　物	热量(千卡)	食　物	热量(千卡)
大黄米（黍）	349	青稞	298
大麦（元麦）	307	烧饼（糖）	302
稻谷（早籼）	359	沙子面	362
稻米（大米）	346	通心面（通心粉）	350
稻米（香大米）	346	小麦（龙麦）	352
方便面	472	小麦粉（特二粉）	349
高粱米	351	小麦粉（标准粉）	344
黑米［稻米（紫）］	333	小麦胚粉	392
花卷	217	小米	358

续表

食　物	热量(千卡)	食　物	热量(千卡)
煎饼	333	小米粥	46
烤麸	121	燕麦片	367
苦荞麦粉	304	薏米	357
烙饼（标准粉）	255	油饼	399
馒头（蒸，标准粉）	233	莜麦面	385
馒头（蒸，富强粉）	208	油条	386
面筋（油）（油面筋）	490	玉米（白，包谷）	336
面条（富强粉）（切面）	285	玉米（黄，包谷）	335
面条（干）	355	玉米（鲜，包谷）	106
米饭（蒸，籼米）	114	玉米罐头（玉米笋）	4
米饭（蒸，粳米）	117	玉米面（白）	340
米粉（干，细）	346	玉米面（黄）	340
米粉（排米粉）	355	玉米面（黄豆玉米面）	339
米粥（粳米）	46	玉米糁（黄）	347
糜子（带皮）	348	玉米粥（即食）	390
糜子米（炒米）	374	糍粑（熟品）	257
糯米（优糯米）	344	扁豆	326
糯米（紫红，血糯米）	343	扁豆（白）	256
荞麦	324	蚕豆（去皮）	304
蚕豆（带皮）	342	红豆馅	240
豆腐	81	花豆（红）	317
豆腐（内酯豆腐）	49	花豆（紫）	315
豆腐（南豆腐）	57	黄豆（大豆）	359
豆腐（北豆腐）	98	黄豆粉	418
豆腐干	140	豇豆（紫）	315
豆腐花	401	豇豆	322
豆腐卷（豆制五香卷）	200	绿豆	316
豆腐卷	201	绿豆面	330
豆腐脑（老豆腐）	10	卤干	336

续表

食　物	热量(千卡)	食　物	热量(千卡)
豆腐皮	409	眉豆（饭豇豆）	320
豆腐丝（干）	451	脑豆	360
豆腐丝（油）	300	蒲包干	135
豆腐渣	35	千张（百页）	260
豆浆	13	青豆（青大豆）	373
豆浆粉	422	酸豆乳	67
豆奶	30	素大肠	153
豆沙	243	素火腿	211
腐乳（白）	133	素鸡	192
腐乳（臭，臭豆腐）	130	素虾（炸）	576
腐乳（桂林腐乳）	204	素鸡丝卷	186
腐乳（红，酱豆腐）	151	素什锦	173
腐乳（上海南乳）	138	酥香兰花豆	416
腐乳（糟豆腐乳，糟乳）	158	豌豆	313
腐竹	459	小豆（红，红小豆）	309
腐竹皮	489	油豆腐（豆腐泡）	244
高蛋白豆米粉	414	油炸豆瓣	405
黑豆（黑大豆）	381	油炸豆花	400
芸豆（白）	296	荸荠（马蹄，地栗）	59
芸豆（红）	314	慈姑（乌芋白地果）	94
芸豆（虎皮）	334	甘薯（红心，山芋红薯）	99
芸豆（杂，带皮）	306	甘薯（白心，红皮山芋）	104
杂豆	316	甘薯粉（地瓜粉）	336
枝竹	472	甘薯片（白薯干）	340
扁豆（鲜）	37	胡萝卜（红）	37
蚕豆（鲜）	104	胡萝卜（黄）	43
刀豆	35	胡萝卜（脱水）	320
豆角	30	茭笋	25
豆角（白）	30	姜	41

续表

食　物	热量(千卡)	食　物	热量(千卡)
发芽豆	128	姜（干）	273
荷兰豆	27	姜（子姜，嫩姜）	19
黄豆芽	44	芥菜头（大头菜水芥）	33
豇豆（鲜）	29	洋姜（洋生姜，菊芋）	56
豇豆（鲜，长）	29	玉兰片	43
绿豆芽	18	芋头（芋艿，毛芋）	79
垅船豆	34	竹笋	19
龙豆	32	竹笋（白笋，干）	196
龙牙豆（玉豆）	17	竹笋（毛笋，毛竹笋）	21
毛豆（青豆）	123	白菜（脱水）	286
四季豆（菜豆）	28	白菜（大白菜）	21
豌豆（鲜）	105	白菜苔（菜苔菜心）	25
豌豆苗	29	菠菜（赤根菜）	24
油豆角（多花菜豆）	22	菠菜（脱水）	283
芸豆（鲜）	25	菜花（花椰菜）	24
百合	162	菜花（脱水）	286
百合（干）	342	莼菜（瓶装，花案板）	20
葱头（洋葱）	39	紫菜	207
葱头（白皮，脱水）	330	芭蕉（甘蕉，板蕉，牙蕉）	109
葱头（紫皮，脱水）	324	菠萝（凤梨，地菠萝）	41
大白菜（青白口）	15	菠萝蜜肉	103
榨菜	29	菠萝蜜子	160
草菇（大黑头细花草）	23	草莓	30
大红菇（草质红菇）	200	草莓酱	269
地衣（水浸）	3	橙	47
冬菇（干，毛柄金线菌）	212	橄榄（白榄）	49
发菜	246	甘蔗汁	64
海带（干，江白菜，昆布）	77	桂圆（鲜）	70
海带（鲜，江白菜，昆布）	17	桂圆（干，龙眼，圆眼）	273

续表

食　物	热量(千卡)	食　物	热量(千卡)
海冻菜（石花菜，冻菜）	314	桂圆肉	313
猴头菇（罐装）	13	果丹皮	321
黄蘑	166	海棠果	73
金针菇（智力菇）	26	黑枣（无核，乌枣，软枣）	228
金针菇（罐装）	21	红果（山里红，大山楂）	95
口蘑（白蘑）	242	红果（干）	152
蘑菇（干）	252	金橘（金枣）	55
蘑菇（鲜，鲜蘑）	20	橘柑子（宽皮桂）	43
木耳（黑木耳，云耳）	205	橘（福橘）	45
木耳（水发，黑木耳，云耳）	21	橘（芦橘）	43
平菇（鲜，糙皮）	20	橘（蜜橘）	42
普大香杏丁蘑	207	橘饼	364
香菇（干，香蕈，冬菇）	211	李（玉皇李）	36
香菇（鲜，香蕈，冬菇）	19	梨	32
香杏片口蘑	207	梨（巴梨）	46
羊肚菌（干,狼肚）	295	梨（库尔勒梨）	28
银耳（白木耳）	200	梨（鸭广梨，广梨）	50
荔枝（鲜）	70	石榴（红粉皮石榴）	64
芒果（抹猛果，望果）	32	石榴（玛瑙石榴）	63
面蛋	84	石榴（青皮石榴）	61
南瓜果脯	336	桃	48
柠檬	35	桃（蜜桃）	41
柠檬汁	26	桃（晚，黄）	39
枇杷	39	桃（庆丰）	44
苹果	52	桃（五月鲜）	42
苹果（黄元帅苹果）	55	桃（糖水罐头）	58
苹果（国光苹果）	54	桃酱	273
苹果（红富士苹果）	45	桃脯	310
苹果罐头	39	无花果	59

续表

食　物	热量(千卡)	食　物	热量(千卡)
苹果酱	277	香蕉	91
苹果脯	336	西瓜脯	305
葡萄	43	杏	36
葡萄（紫）	43	杏干	330
葡萄（红玫瑰）	37	杏酱	286
葡萄（巨峰）	50	杏脯	329
葡萄（马奶子）	40	杏子罐头	37
葡萄（玫瑰香）	50	杨梅（树梅，山杨梅）	28
葡萄干	341	桃（杨桃）	29
青梅果脯	308	椰子	231
人参果	80	樱桃（野，白刺）	288
桑葚	49	樱桃	46
桑葚（干）	239	柚（文旦）	41
柿	71	枣（鲜）	122
柿（磨盘）	76	枣（干）	264
柿（荷柿）	57	枣（金丝小枣）	322
柿饼	250	枣（蜜枣）	321
枣（密云小枣）	214	牛大肠	66
枣（乌枣）	228	牛肚	72
猕猴桃（中华猕猴桃）	56	牛肺	94
白果	355	牛肝	139
白果（干，银杏）	355	牛肉（肥瘦）	190
核桃（干，胡桃）	627	牛肉（五花，肋条）	123
核桃（鲜）	327	牛肉（后腿）	98
花生（生，落花生，长生果）	298	牛肉（后腱）	93
花生（炒）	589	牛肉（前腱）	100
肠（大腊肠）	267	牛肉（前腿）	95
肠（大肉肠）	272	牛肉（瘦）	106
肠（猪肉香肠，罐头）	290	牛肉干	550

续表

食　物	热量(千卡)	食　物	热量(千卡)
叉烧肉	279	牛肉松	445
方腿	117	兔肉	102
火腿（金华火腿）	318	兔肉（野）	84
火腿（熟）	529	午餐肉	229
酱驴肉	246	咸肉	385
酱牛肉	246	羊肚	87
酱羊肉	272	羊肉（肥，瘦）	198
酱汁肉	549	羊肉（瘦）	118
腊肉（培根）	181	羊肉（后腿）	102
腊肉（生）	498	羊肉（里脊）	94
腊肉（熟）	587	羊肉（前腿）	111
驴肉（瘦）	116	羊肉（熟）	215
驴肉（熟）	251	羊肉串（炸）	217
卤猪杂	186	羊肉干（绵羊）	588
马肉	122	羊血	57

*主要数据源自中国疾病预防控制中心营养与食品安全所编著，杨月欣、王光亚、潘兴昌主编:《中国食物成分表》(第 2 版)，北京大学医学出版社 2009 年版。

CHAPTER
NINE
第九部分

一周健身计划表

何宁宁：一刻钟健身

一周健身计划表

周一	胸部锻炼	徒手夹胸
		固定器械坐姿推胸
		固定器械坐姿上斜推胸
		固定器械坐姿蝶式夹胸
	饮食	水煮鸡胸肉、土豆、胡萝卜、生菜等
周二	背部锻炼	固定器械坐姿划船
		高位下拉
		单臂划船
		杠铃俯身划船
	饮食	牛肉、西兰花、番茄、生菜等
周三休息	饮食	水煮虾、黄瓜、西芹、西兰花等
周四	肩、手臂部锻炼	颈前推举
		固定器械反飞鸟
		固定器械坐姿臂弯举
		固定器械臂屈伸
	饮食	水煮鸡胸肉、竹笋、西兰花、鸡蛋等
周五	腿部锻炼	自重深蹲
		固定器械坐姿股四头肌腿屈伸
		固定器械俯卧股二头肌腿屈伸
		倒蹬器倒蹬
	饮食	水煮虾、西兰花、土豆、鸡蛋等
周六	腹部锻炼	卷腹
		负重卷腹
		负重俄罗斯转体
		平板支撑
	饮食	牛肉、山药、西芹、鸡蛋等
周日休息	饮食	水煮鸡胸肉、西兰花、胡萝卜、鸡蛋等

鸣 谢

感谢鼎力相助的蚊子会、“戏精”编辑郑永灏、“强迫症”书籍设计卢艺、公益小助理刘雨蒙、健身“大表弟”刘志鹏、孕产训练“辣妈”杨洁、成功女人背后的男人老王以及“超牛”的场地支持乐刻运动。

图书在版编目（CIP）数据

何宁宁：一刻钟健身 / 何宁宁著. —杭州 ：浙江人民出版社，2018. 7

ISBN 978-7-213-08749-3

Ⅰ. ①何… Ⅱ. ①何… Ⅲ. ①健身运动 Ⅳ. ①G883

中国版本图书馆CIP数据核字(2018)第097190号

何宁宁：一刻钟健身

何宁宁 著

出版发行：浙江人民出版社（杭州市体育场路347号 邮编 310006）

市场部电话：(0571)85061682 85176516

集团网址：浙江出版联合集团 http://www.zjcb.com

责任编辑：洪 晓 余慧琴

责任校对：陈 春

封面设计：观止堂_未氓

电脑制版：杭州兴邦电子印务有限公司

印 刷：浙江新华印刷技术有限公司

开 本：787毫米×1092毫米 1/16 印 张：15.25

字 数：101千字

版 次：2018年7月第1版

印 次：2018年7月第1次印刷

书 号：ISBN 978-7-213-08749-3

定 价：78.00元